Arbeitstexte für den Unterricht

Wie interpretiert man ein Drama?

Für die Sekundarstufe
Von Hans-Dieter Gelfert

Philipp Reclam jun. Stuttgart

Universal-Bibliothek Nr. 15026

Bibliographisch ergänzte Ausgabe 1998
Gesamtherstellung: Reclam, Ditzingen. Printed in Germany 1998

ISBN 3-15-015026-4

Inhalt

Vorwort

Wer aus dem Theater kommt und die Aufführung genossen hat, wird danach kaum das Bedürfnis verspüren, sich das Stück noch einmal fachgerecht interpretieren zu lassen. Allerdings lehrt die Erfahrung, daß ein genußvoller Theaterbesuch heutzutage eher die Ausnahme als die Regel ist. Moderne Regisseure legen es oft mehr darauf an, den Zuschauer zu irritieren, zu provozieren und seine Sensibilität zu verletzen. Da ist dann mancher Theaterbesucher wohl dankbar, wenn ihm der Weg zum Verständnis der ursprünglichen Intentionen des Autors ein wenig geebnet wird. Am erwünschtesten aber ist solche Hilfestellung dem Schüler, der – anders als der Theaterbesucher – sich gewöhnlich nicht freiwillig, sondern gezwungenermaßen mit Dramen beschäftigt. Mancher Deutschlehrer gibt sich die redlichste Mühe, seinen Schülern den Blick für die Subtilitäten einer großen Dichtung zu öffnen, und erreicht damit doch nur, daß diese das Gefühl haben, mit der Lupe die Blätter eines Baumes zu betrachten, ohne den Wald zu sehen, auf den es ankommt. Immer wieder hört man von Schülern die Klage, daß ihnen die Lust an der Dichtung durch pedantisches Interpretieren systematisch ausgetrieben worden sei; und der häufigste Klagepunkt lautet, daß man ihnen lauter Einzelheiten aufzeige, ohne zu sagen, was das Ganze eigentlich soll. Das vorliegende Buch macht den Versuch, zuerst einmal den ganzen Wald zu zeigen und danach Ratschläge zu geben, wie man sich darin zurechtfinden kann. Die Literaturwissenschaft hat sich angewöhnt, im literarischen Wald hauptsächlich nach Bäumen zu suchen, bei deren Erforschung sie ihren Scharfsinn und ihre Gelehrsamkeit beweist. Doch ihr erstes und vorrangiges Anliegen sollte sein, den Wald für die größtmögliche Anzahl interessierter Spaziergänger zugänglich zu machen. Deshalb muß jede Interpretation, bevor sie durch gedankenschweren Tiefsinn besticht, zuerst einmal verstehbar sein.

Allgemeiner Teil

Was ist ein Drama?

Poetische Literatur teilt man traditionell in die drei Gattungen Lyrik, Epik und Dramatik ein. Diese Einteilung scheint sich so zwingend aufzudrängen, daß die Gattungen oft als naturgegebene Grundformen der Dichtung angesehen werden. So hat z. B. Emil Staiger in seinem Buch *Grundbegriffe der Poetik* (1946) das Lyrische als »Erinnerung«, das Epische als »Vorstellung« und das Dramatische als »Spannung« definiert und diese drei psychologischen Phänomene den »drei Ekstasen der existentiellen Zeit«, d. h. der Vergangenheit, Gegenwart und Zukunft zugeordnet. Dies ist eine scharfsinnige und bei aller Abstraktheit durchaus plausible Definition des Wesens der drei Gattungen. Sieht man sich aber deren konkrete Erscheinungsformen in der Dichtung an, so findet man die Grenzlinien nicht ganz so klar gezogen. Beispielsweise ist die Ballade trotz ihrer lyrischen Form eine erzählte Geschichte. Umgekehrt ist Rilkes Erzählung *Die Weise von Liebe und Tod des Cornets Christoph Rilke* eher ein langes Prosagedicht. Die Romane der Engländerin Ivy Compton-Burnett, die fast nur aus Dialogen bestehen, unterscheiden sich formal kaum von einem Drama, während Brecht umgekehrt durch das Konzept des »epischen Theaters« die Grenzen des Dramas zur Epik hin verwischt hat. Und doch wird man die Gattungsbegriffe deswegen nicht aufgeben wollen. Ein fliegender Fisch ist noch kein Vogel und ein Säugetier mit Flossen noch kein Fisch. Was also sind die gattungsspezifischen Merkmale?

Zunächst wird man einen besonders auffälligen Unterschied zwischen der lyrischen und den beiden übrigen Gattungen wahrnehmen. Die Lyrik ist eine *expressive* Gattung, die einen subjektiven Bewußtseinsinhalt zum Ausdruck bringt, ohne daß vom Leser erwartet wird, sich diese innere Wirklichkeit als eine gegenständliche Fiktion in Raum und Zeit vorzustellen. Epik und Dramatik hingegen sind *mimetische* Gattungen, die eine objektive Realität *fingieren*. Das Drama nimmt dabei eine Sonderstellung ein, weil es in zwei unterschiedlichen Präsentationsformen auftritt. Als gedruckter Text ist es wie die Erzählung eine *fiktionale* Gattung, da es vom Leser erwartet, sich eine erfundene Wirklichkeit als etwas tatsächlich Gegebenes vorzustellen. Sobald es aber auf einer Bühne gespielt wird, verändert es seinen Gattungscharakter. Da das Geschehen jetzt physisch-real gegenwärtig ist, fordert es vom Zuschauer kein Eingehen auf eine Fiktion mehr. Statt sich das Fingierte vorstellen zu müssen, sieht er die Vorstellung real auf der Bühne. Fiktion verwandelt sich damit in *Simulation*. Das mag zunächst wie eine spitzfindige Unterscheidung anmuten, doch folgt daraus eine Reihe leicht einzusehender Differenzen.

Unter Simulation versteht man gemeinhin etwas, das in der Gegenwart geschieht, während Fiktion sich auf etwas Fingiertes, also Vergangenes oder Zukünftiges, bezieht. Der Fiktion sind keinerlei Grenzen gesetzt, da sie im grenzenlosen Raum der Phantasie nachvollzogen wird. Die Simulation aber bewegt sich in den Grenzen dessen, was physikalisch möglich und real erträglich ist. Vieles, was in der Fiktion reizvoll, spannend und befriedigend ist, wird in der Simulation als peinlich, unerträglich oder lächerlich empfunden. Dies gilt vor allem für tabuisierte Handlungen. Jeder weiß, daß wir auf erzählte Sexualität anders reagieren, als wenn sie auf der Bühne simuliert wird. Aber auch andere Lebensäußerungen haben in der Simulation nicht die gleiche Qualität wie in der Fiktion. Das grenzenlos langweilige Leben von Gontscharows Romanfigur Oblomow ist in der Fiktion außerordentlich interessant, auf der Bühne ließe es den Zuschauer einschlafen. In der Erzählung kann sich das Geschehen einer einzigen Sekunde über eine Lesezeit von einer Stunde erstrecken, auf der Bühne muß in jeder Szene die Illusion gewahrt bleiben, daß Handlungszeit und Realzeit identisch sind. Natürlich ist es auch auf dem Theater möglich, den Zuschauer in die Illusion eines Zeitraffereffekts hineinzuziehen. So dauert z. B. die letzte Stunde des Doktor Faustus in Christopher Marlowes Tragödie auf der Bühne nur wenige Minuten. Dennoch sind der Zeitraffung im Drama enge Grenzen gesetzt. Größere Differenzen zwischen Real- und Handlungszeit sind nur durch Zeitauslassungen zwischen einzelnen Szenen zu überbrücken. Die Zeitlupe schließlich verbietet sich nahezu ganz. Dank der Illusionsfähigkeit des Menschen braucht das Drama sich durchaus nicht an die starren Vorschriften der berühmt-berüchtigten *drei Einheiten* – des *Ortes*, der *Zeit* und der *Handlung* – zu halten. Dennoch bewegt sich der Simulationsvorgang auf der Bühne in viel engeren Grenzen als der Nachvollzug einer Fiktion in der Phantasie des Lesers. Aus dem bisher Ausgeführten folgt, daß man sich entscheiden muß, was man unter Drama verstehen will: das auf einer Bühne aufgeführte Stück oder einen auf verschiedene Rollen verteilten fiktionalen Text. Auch wenn für viele Menschen, vor allem für Schüler, das Lesen eines Dramas die weitaus häufigere Rezeptionsform ist, soll im Mittelpunkt unserer weiteren Erörterungen die Reaktion des Zuschauers stehen; denn nur durch die Aufführung hebt sich das Drama von Lyrik und Epik als eine eigene, definierbare Gattung ab.

Allerdings ergibt sich daraus ein weiteres Problem. Wenn ein Stück erst durch seine Aktualisierung auf der Bühne zum Drama wird, gehören auch alle bühnentechnischen Voraussetzungen und Hilfsmittel zu dem, was seine künstlerische Substanz ausmacht. Das würde bedeuten, daß man über Dramen nur noch anhand von Aufführungen sprechen könnte, was im Literaturunterricht so gut wie unmöglich wäre. Eine Lösung dieses Problems bietet sich an, wenn man sich dazu entschließt, jedes gedruckte Drama grundsätzlich als Spielvorlage zu lesen und im Hinblick auf seine Aktualisierung durch eine Bühnenaufführung zu diskutieren. Man kann auf diese Weise das Drama sowohl als Dichtung wie auch als eine der darstellenden Künste sehen. Während der Epiker eher einen raumzeitlichen Bilderfluß abrollen läßt, arbeitet der Dramatiker nach Bauprinzipien des Musikers, da er wie dieser vom Spannungspotential einer Anfangssituation ausgehen und dieses so entfalten muß, daß am Ende der Aufführung die Spannung gelöst ist, ohne daß sie unterdessen auch nur einen Augenblick lang nachlassen durfte. Die Lektüre eines Romans füllt den Leser mit Vorstellungsstoff. Das Drama aber entläßt den Zuschauer mit einem entleerten Affekthaushalt. Wir gehen aus dem Theater nicht mit der genußvollen Erinnerung an den Aufenthalt in einer fernen Welt, sondern kathartisch entlastet von den durchlebten Emotionen. Was Aristoteles als Wirkung der Tragödie beschrieben hat, gilt auch für die übrigen Formen des Dramas, nur sind dort andere Emotionen im Spiel.

Grundformen dramatischer Präsentation

Wenn die Umsetzung von Fiktion in Vorstellung, die der Leser einer Erzählung in der Phantasie leisten muß, im Falle des Dramas objektiv und real auf der Bühne geschieht, ist der Zuschauer offensichtlich auf andere Weise beteiligt als der Leser. Die von ihm geforderte Leistung ist das Sich-hineinziehen-Lassen in die Scheinrealität auf der Bühne. Jeder Theaterbesucher weiß, daß sich dabei sehr unterschiedliche Grade des Aufgehens in der Illusion ergeben können. Der klassische Fall, der von den meisten normalerweise auch heute noch im Theater erwartet wird, ist das vollständige Eintauchen in die Illusion durch Identifikation mit dem »Helden«. Voraussetzung dafür ist, daß die Scheinrealität des Stückes auf der Bühne so lebensecht *dargestellt* wird, daß der Zuschauer sie für die Dauer der Aufführung als wirklich und nicht nur als einen Verweis auf fingierte Wirklichkeit empfindet. Schon Aristoteles hatte seine Tragödientheorie auf diesem Identifikationsschema aufgebaut, wonach der Zuschauer angesichts der Bedrohung des Helden zuerst Schrecken (*phọbos*) empfindet und diese psychische Spannung nach dem Wendepunkt der Handlung durch

Jammer (*ęleos*) abarbeitet, um danach kathartisch befriedigt das Theater zu verlassen. Dieses Schema lag über zweieinhalb Jahrtausende hindurch dem psychologisch-realistischen Drama zugrunde, wie wir es von Klassikern wie Sophokles, Shakespeare, Lessing, Goethe, Schiller, Kleist, Ibsen, Hauptmann und noch von einigen Modernen wie Arthur Miller oder Tennessee Williams gewohnt sind. Dabei war die aufschauende Identifikation mit einem Heros wie Ödipus sicher etwas anderes als das Mitleiden mit einem Helden wie Millers Handlungsreisendem, in dem der Mittelstandsamerikaner seine eigene Lebenssituation erkennen konnte. Dennoch sind beide Stücke so angelegt, daß sie nur dann zu dramatischer Wirkung gelangen, wenn der Zuschauer sich selbst vergißt und sich mit dem Helden identifiziert.

Diese passive, weinend oder lachend genießende Rezeption des Dramas wurde von Brecht für nicht mehr zeitgemäß erklärt und durch ein neues Konzept ersetzt: das des epischen Theaters. Brecht wollte dem Zuschauer nicht länger kulinarische Genüsse bereiten – und seien diese von noch so hohem Bildungswert –, er wollte Einsichten vermitteln und zum Handeln motivieren. Dazu bedurfte es einer Dramaturgie, die der klassischen genau entgegengesetzt war. Statt der Identifikation mit dem Helden und der illusionären Aufhebung jeglicher Distanz zwischen dem Zuschauer und dem Bühnengeschehen soll im Gegenteil die Distanz möglichst groß gehalten werden, damit der Zuschauer nicht mit dem Gefühl, sondern mit dem Verstand am Bühnengeschehen teilnimmt. Brecht erfand zu diesem Zweck den berühmten *V-Effekt*, der eine *Verfremdung* und damit Distanzierung bewirken sollte. In dem frühen Stück *Trommeln in der Nacht* zerstörte er die Illusion des Zuschauers noch auf sehr drastische Weise, indem er z. B. einen Schauspieler ins Publikum rufen ließ: »Glotzt nicht so romantisch!« und sogar empfahl, Plakate mit Sprüchen wie diesem im Zuschauerraum aufzuhängen. Später entwickelte er den charakteristischen Brecht-Stil, der ein Stück nicht als Sequenz kausal verknüpfter Aktionen, sondern als Folge präsentierter Bilderbögen abrollen ließ. Dieser Bruch mit dem aristotelischen Illusionstheater mutete zweifellos sehr modern an. Das Verfahren war aber genauso alt, vielleicht sogar noch älter als das klassische. Das religiös-didaktische Jesuitendrama der Gegenreformation und die mittelalterlichen Mysterienspiele bedienten sich der gleichen epischen Darstellungstechnik. Und man darf annehmen, daß lange vor dem Aufkommen des Illusionstheaters bei primitiven Völkern ritualisierte Sachverhalte pantomimisch *gezeigt* und damit episch dargestellt wurden.

Noch älter als die Form des epischen Zeigens dürfte das reine gestische *Spielen* sein. Tanz und Pantomime, sei es als kultische Handlung oder als unterhaltsame Clownerie, sind wahrscheinlich so alt wie die Menschheit selbst. In neuester Zeit hat Samuel Beckett immer wieder aus dieser uralten Quelle geschöpft und einfachste Lebensäußerungen wie Atmen, Kommen und Gehen zu kurzen, manchmal nur wenige Sekunden dauernden, aber dennoch höchst suggestiven Spielszenen ausgeformt. Der Spielcharakter wird in manchen seiner Stücke schon durch den Titel signalisiert: *Endspiel*, *Spiel*, *Spiel ohne Worte*. Auch die französischen Vertreter des absurden Theaters, die diese Bezeichnung am ehesten verdienen – z. B. Ionesco, Audiberti, Ghelderode –, haben die alogische innere Dynamik des sich selbst generierenden Spiels als eine Quelle dramatisch wirksamer Effekte genutzt.

Spielen, *Zeigen* und *Darstellen* sind, wie es scheint, die Grundformen dramatischer Präsentation. Das *Spielen* folgt den motorischen oder sprachlich-assoziativen Impulsen, die sich aus dem Spiel selbst ergeben. Indem es ähnliche Impulse im Zuschauer auslöst, setzt es in ihm das Spiel der Phantasie frei und kann ihm auf diese Weise Unterhaltung und intellektuelle Befriedigung verschaffen, ohne daß er von seiner kognitiven Seite her angesprochen und ihm eine Erkenntnis vermittelt wird. Das *Zeigen* von szenischen Bildern und Sequenzen zielt auf die theatralische Präsentation einer epischen Fiktion, die den Zuschauer in der distanzierten Rolle des Betrachters und den Gegenstand in der Zeitform eines aktualisierten Präteritums läßt. Das *Darstellen* hingegen will die Simulation eines in der Gegenwart ablaufenden Geschehens, in das der Zuschauer sich so hineinziehen läßt, daß er es für die Dauer der Illusion als gegenwärtig und wirklich empfindet.

Die drei Grundformen gehören nicht notwendig getrennten dramatischen Genres an. Sie können durchaus in einem Stück miteinander verbunden werden, doch wird die jeweils dominierende Präsentationsform den Grundcharakter des Stückes bestimmen. Wichtig ist nur, daß der Zuschauer weiß, welche Grundform intendiert ist, damit er nicht mit falschen Erwartungen an das Stück herangeht. Ebenso wichtig ist aber auch, daß der Autor die dem Gegenstand angemessene Präsentationsform wählt. Ein Stück wie Hochhuths *Stellvertreter* konnte nur durch die Brisanz seines Stoffes wirken. Als klassisches Illusionstheater mußte es scheitern, da es einen historischen Sachverhalt dokumentarisch zeigen wollte, ohne die Präsentationsform des Zeigens zu wählen. Peter Weiss erzielte mit seinem Dokumentationsstück *Die Ermittlung* einen künstlerisch weitaus befriedigenderen Erfolg, weil er die angemessene Präsentationsform gewählt hatte. Umgekehrt wird sich vielleicht mancher Zuschauer bei Brechts *Galilei* fragen, ob das Stück in seiner späteren Fassung, in der Galileis Widerruf als moralisches Versagen dargestellt wird, nicht wirkungsvoller wäre, wenn der innere Konflikt des Helden in der Form eines psychologischen Illusionsdramas dargestellt würde. Jedenfalls wird jede gute Aufführung des Stückes in diese Richtung tendieren, während die epische Verfremdung es dem Schauspieler schwermacht, dem Helden die für die glaubhafte Darstellung des inneren Konflikts erforderliche Komplexität zu geben. In Brechts Zusammenarbeit mit dem großen Schauspieler Charles Laughton, auf die wir bei der späteren Behandlung des Stückes noch eingehen werden, spielte vor allem dieses Problem eine Rolle. Die moderne Theaterkritik würde aber wohl mit großer Mehrheit einwenden, daß das klassische

Illusionstheater sich überlebt habe und nicht mehr geeignet sei, unser gebrochenes Verhältnis zur Wirklichkeit angemessen darzustellen. Die Tatsache, daß moderne Regisseure kaum noch wagen, die klassischen Dramen einfach vom Blatt zu spielen, und sie statt dessen durch allerlei Kunstgriffe und manchmal durch bloße Gimmicks verfremden, deutet darauf hin, daß zumindest der intellektuellere Teil des Publikums nicht mehr bereit ist, auf die Illusion der simulierten Wirklichkeit einzugehen. Das Fernsehen hat solche Illusion zu sehr zur Handelsware gemacht, als daß sie noch jene Unmittelbarkeit des Erlebens erlaubte, die früher als Wesensmerkmal großen Theaters galt.

Wie die eingängigen Melodien aus der Musik und die schönen Körper aus der bildenden Kunst, so ist auch die naive Identifikation aus dem Theater verschwunden. Autoren, die – wie z. B. Tennessee Williams – das traditionelle Schema bis in die siebziger Jahre fortzusetzen suchten, sind fast ausnahmslos gescheitert. Albees Stück *Wer hat Angst vor Virginia Woolf?* von 1962 dürfte einer der letzten großen Erfolge des Identifikationstheaters gewesen sein. Danach eroberten in Deutschland Peter Weiss mit dem *Marat*, Peter Handke, Botho Strauß und Heiner Müller die Bühne, die allesamt Stücke schrieben, in denen sich die Wirklichkeit wie in einem geborstenen Spiegel darstellt. Diese gebrochene Form des Dramas mag aufrichtiger und dem Zustand unseres Zeitbewußtseins angemessener sein, aber für die großen Charakterdarsteller unter den Schauspielern sind damit magere Zeiten angebrochen. Ihnen bleibt nur das klassische Drama, so wie die großen Sänger nur noch in der kulinarischen Oper die Schönheit ihrer Stimmen beweisen können. Andererseits hat die Abwendung vom Illusionstheater einen großen Gewinn an Gestaltungsfreiheit gebracht. Während die Autoren traditioneller Stücke sich im engen Rahmen psychologischer Glaubwürdigkeit bewegen mußten, so daß große Bereiche der Wirklichkeit einer möglichen Darstellung entzogen blieben, kann Botho Strauß »die Krabbelkiste namens Seele«, wie er es in *Kalldewey. Farce* ausdrückt, bis auf den Grund leeren und daraus wirkungsvolles Theater machen. Die schier grenzenlose Freiheit des modernen Künstlers hat aber auch ihre Schattenseiten. Das Bewundernswerte an den Werken der alten Meister ist, daß sie ihre Freiheit erst einem Zwang abgetrotzt haben. Eine gotische Kathedrale ist deshalb so schön, weil mit jedem Stein des Gewölbes die Schwerkraft überlistet werden mußte. In Stahlbeton könnte man den Kölner Dom verkehrt herum nachbauen, und es wäre doch nur eine Albernheit. Dasselbe Ballett, dessen ausdrucksvolle Grazie wir bewundern, weil sich jeder Schritt gegen die Schwerkraft durchsetzen muß, würde sich im schwerelosen Raum in abgeschmackte Hampelei verwandeln. Schiller definiert Schönheit als »Freiheit in der Erscheinung«. Freiheit aber kann nur dort erscheinen, wo sie sich gegen einen Zwang behauptet. Dies ist wohl das größte Dilemma aller modernen Künstler. Und im Drama zeigt es sich mit besonderer Schärfe, da dieses mit dem Aufbau von Spannung steht und fällt. Spannung aber läßt sich nur an einem Widerstand erzeugen, in der Elektrotechnik ebenso wie im Reich der ästhetischen Formen und der sittlichen Werte.

Elemente des Dramas

Aristoteles definiert das Drama als die »Nachahmung« (*mimesis*) einer Handlung, womit er das gleiche meint, was wir im Vorangegangenen als Simulation bezeichnet haben. Das bedeutet, daß die beiden unabdingbaren Elemente, ohne die ein Drama nicht zustande kommt, der Simulator und das Simulierte bzw. der die Handlung Nachahmende und die nachgeahmte Handlung sind. In der klassischen Dramaturgie heißen sie Charakter und Handlung. Damit sind allerdings bestimmte Eigenschaften vorausgesetzt, die heute durchaus nicht mehr für alle dramatischen Formen zutreffen. In vielen modernen Stücken treten nur noch marionettenhafte Spielfiguren auf, z. B. in Peter Handkes *Das Mündel will Vormund sein.* Hier von Charakteren zu sprechen würde wenig Sinn machen. In Becketts *Warten auf Godot* sind die beiden Hauptfiguren Wladimir und Estragon zwar als unterschiedliche Charaktere gezeichnet, dafür aber tun sie nichts außer warten, so daß von einer Handlung kaum die Rede sein kann. Will man die Elemente eines Dramas so allgemein definieren, daß die Definition für alle dramatischen Formen Gültigkeit hat, müßte man statt Charakter und Handlung wohl Figur und Geschehen sagen. Hinter diese Minimaldefinition wird man kaum zurückgehen können; denn wenn nicht mindestens eine lebendige Figur auf der Bühne steht und sich im Verlauf der Aufführung etwas verändert, wird man sicher nicht von einem Drama sprechen wollen. Ein drittes Element, die dramatische Rede, war in der klassischen Dramaturgie ebenso selbstverständlich wie die beiden erstgenannten. Heute aber gibt es Stücke, z. B. von Beckett, in denen kein einziges Wort mehr gesprochen wird. Das vierte traditionelle Element ist der Schauplatz, der im realistischen und naturalistischen Illusionsdrama eine außerordentlich wichtige Funktion hat. Aber auch da, wo er weniger deutlich präsent ist, wie z. B. in der griechischen Tragödie, wird er benötigt, um die Handlung im Vorstellungsraum des Zuschauers zu lokalisieren. Im modernen Theater gibt es Stücke, z. B. viele von Pinter, in denen der Schauplatz wie eine handelnde Figur ins Geschehen eingreift, während andererseits bei Beckett oft nur eine leere Spielfläche zu sehen ist. Aus Erfahrungen mit Hörspielen wird jeder Leser wissen, daß unsere Phantasie sich auch da einen Schauplatz vorstellt, wo gar keiner gezeigt wird. Selbst eine leere Bühne kann als Schauplatz einer totalen Verlassenheit mit großer Intensität präsent sein. Alle vier Elemente des Dramas haben im Laufe der zweieinhalb Jahrtausende seit Äschylus die vielfältigsten Wandlungen durchgemacht, weshalb sie im folgenden noch einmal einzeln betrachtet werden sollen.

Die handelnde Figur auf der Bühne kann in sehr unterschiedlichen Graden der Individualisierung eingesetzt werden. Als höchstentwickelte Form gilt traditionell der voll ausgebildete, psychologisch komplexe Charakter. Shakespeares Helden sind dafür herausragende Beispiele. Ein Merkmal eines echten Charakters wird oft darin gesehen, daß er sich entwickelt. Dies ist aber nur dann möglich, wenn die Handlung ihm genug Zeit dafür läßt. Während z. B. Shakespeares Othello sich allmählich von einem edlen, vollkommen arglosen Menschen in einen vor Eifersucht blindwütig rasenden verwandelt, erscheint die Raserei von Kleists Penthesilea nicht als Ergebnis einer Entwicklung, sondern als das Ausagieren eines kompromißlosen Charakters, der in der Liebe die bedingungslose Selbstpreisgabe des Geliebten erwartet. Der tragische Riß, der durch beide Charaktere geht, tritt bei Othello in einer kontinuierlichen Entwicklung seines Charakters zutage, während er bei Penthesilea als ein plötzliches Umschlagen von einem Bewußtseinszustand in einen anderen erscheint, was ihrem Charakter dennoch die gleiche Komplexität verleiht.
Voll entwickelte Charaktere werden im Englischen oft mit dem von E. M. Forster geprägten Begriff *round characters* bezeichnet und damit von den *flat characters* abgegrenzt, die im Gegensatz zu jenen keinerlei psychologische Komplexität aufweisen. Im Deutschen pflegen wir letztere als Typen zu bezeichnen. Typen sind in der Regel durch wenige Merkmale, oft nur durch ein einziges charakterisiert. Dabei lassen sich zwei gegensätzliche Grundformen unterscheiden: *Idealtypen* und *Sonderlinge*. Idealtypen sind solche, die ein allgemeinmenschliches Charaktermerkmal, sei es eine Stärke oder eine Schwäche, in einseitiger und oft überzeichneter Weise verkörpern. Molières Geiziger oder der ruhmrednerische Feigling in Plautus' *Miles gloriosus* sind bekannte Beispiele dafür. Bei den Sonderlingen liegt das charakteristische Merkmal nicht im Zentrum des Allgemein-Menschlichen,

sondern an dessen äußerster Peripherie, weshalb man sie auch als *exzentrische Typen* bezeichnen könnte. In der erzählenden Literatur ist Dickens der unübertroffene Meister im Erfinden solcher Exzentriker von unvergeßlicher Komik. Im Drama spielen sie eine weit geringere Rolle, da sie sehr stark durch groteske Äußerlichkeiten bestimmt sind, die der Erzähler kunstvoll beschreiben kann, die im Drama aber weniger von der Kunst des Autors als von der des Schauspielers abhängen. Shakespeare gelingt es aber dennoch, auch ohne Äußerlichkeiten eindrucksvolle Miniaturen solcher Typen zu schaffen, z. B. den betrunkenen Türschließer in *Macbeth* oder den Totengräber in *Hamlet*.
Im Unterschied zum Erzähler kann der Dramatiker seine Figuren nicht beschreiben. In naturalistischen Dramen werden zwar oft in den Bühnenanweisungen detaillierte Angaben über das Aussehen der Personen gemacht, aber der Zuschauer im Theater muß sich an das halten, was er auf der Bühne sieht und was er aus dem Munde der Figuren hört. Letzteres bietet natürlich auch die Möglichkeit, einer Figur die *direkte* Charakterisierung einer anderen in den Mund zu legen. In Goethes *Tasso* ist der Held schon vor seinem ersten Auftritt Gegenstand eines ausführlichen Gesprächs, dem wir bereits ein Porträt seines Charakters sowie eine Andeutung des darin angelegten Problems entnehmen können. In *Egmont* bedient sich Goethe sogar des Kunstgriffs, den Helden vor seinem ersten Auftritt gleich dreimal aus einer jeweils anderen Optik zu zeigen, zuerst aus der Sicht seiner niederländischen Landsleute, dann aus der der spanischen Besatzungsmacht und zuletzt aus der privaten Sicht seiner Geliebten. Shakespeares Richard III. übernimmt es selber, sich gleich zu Beginn des Stückes in seiner ganzen Skrupellosigkeit vorzustellen. Im allgemeinen wird man als Zuschauer eine solche Selbstcharakterisierung als allzu direkt und plump empfinden. Und in der Tat gibt es nur wenige gelungene Beispiele dafür. Aber im Falle von Richard III. ist es ein genialer Kunstgriff. Da Richard im Stück als Schurke auftritt, mußte Shakespeare auf den Einwand gefaßt sein,

daß er allzu dick auftrage und das Böse in seinem Helden allzu einseitig herausstelle. Indem er nun aber Richard gleich zu Beginn an die Rampe treten und selber dem Publikum erklären läßt, daß er entschlossen sei, sich als Schurke zu erweisen, ist das Schlimmste schon vorweggenommen, und der Zuschauer kann jetzt alles, was an Richard unter dem Gipfel der Schurkenhaftigkeit bleibt, als Rest von Menschlichkeit wahrnehmen. So wird es dem Publikum möglich, sich sogar mit einem Manne zu identifizieren, der ein leibhaftiger Satan sein will, aber doch nur ein machtgieriger, mutiger und willensstarker, zugleich aber von Angstträumen heimgesuchter Mensch ist.

Die weitaus wichtigste Form der Charakterisierung ist allerdings die *indirekte*, die sich an dem ablesen läßt, was eine Person sagt und was sie tut. Da hier dem Zuschauer ein beträchtlicher Spielraum der Interpretation gelassen wird, ergibt sich daraus auch die Möglichkeit einer komplexen Charakterisierung, bei der in einer Person Charakterzüge vereint sein können, die sich normalerweise gegenseitig ausschließen. Wenn z. B. Hamlet im dritten Akt seinen melancholischen Monolog spricht, in dem er über den Selbstmord meditiert, würde man ihm kaum zutrauen, daß er gleich darauf Ophelia verbale Grausamkeiten voller Zynismus an den Kopf wirft. Etwas später steht er mit gezücktem Schwert hinter dem betenden Claudius, dem Mörder seines Vaters, hat aber nicht die Entschlußkraft, ihn zu töten. Doch in der nächsten Szene stößt er in einer jähen Anwandlung sein Rapier in den sich bewegenden Vorhang und tötet Polonius, der ihn dahinter belauscht hatte. Solche emotionale Komplexität läßt sich nur durch die Mittel der indirekten Charakterisierung glaubwürdig darstellen.

Wesentlich einfacher ist die Charakterisierung der Typen. Diejenigen, die eine bestimmte menschliche Tugend oder Untugend verkörpern, werden oft bereits durch einen sprechenden Namen hinreichend kenntlich gemacht. In der englischen Literatur hat ein jüngerer Zeitgenosse Shakespeares, Ben Jonson, die Typenkomödie als sog. *comedy of humours* popularisiert. *Humours* bezieht sich auf die von dem griechischen Arzt Galen entwickelte und bis ins 18. Jahrhundert weit verbreitete Lehre von den vier Temperamenten, oft auch Humoraltheorie genannt, weil sie behauptet, daß der Charakter eines Menschen durch die jeweils spezifische Mischung seiner vier Körpersäfte (humores) bestimmt wird. In seiner Komödie *Volpone* signalisiert Ben Jonson schon durch die Namengebung den typischen Charakterzug seiner Figuren. Sie heißen Volpone (= Fuchs), Voltore (= Geier), Mosca (= Schmeißfliege) usw. Allerdings versteht der Zuschauer dies nur, wenn er genug Italienisch kann und wenn er die den einzelnen Tieren traditionell zugeschriebenen Eigenschaften kennt.

Geschehen

So wie ein Text sich nicht ohne eine Figur auf der Bühne realisieren kann, so kann eine Figur, mit der nichts geschieht, nicht Träger von etwas sein, das zwei oder mehr Stunden lang die Aufmerksamkeit des Zuschauers fesseln soll. Dies Geschehen nennen wir gewöhnlich Handlung. Im traditionellen Drama von Äschylus bis Ibsen wird auch tatsächlich durch die Figuren mehr oder weniger aktiv gehandelt. Aber schon bei Tschechow wird die »Handlung« der Stücke wesentlich durch die Inaktivität der Figuren bestimmt. Und im modernen Drama stehen oft Personen auf der Bühne, die überhaupt nicht mehr handeln, sondern nur noch etwas mit sich geschehen lassen. Dennoch spricht man auch hier meist von Handlung. Im Englischen werden solche Mißverständnisse durch das Wort *plot* vermieden, das oft auch im Deutschen als Fremdwort verwendet wird. Da sich der Begriff »Handlung« aber fest eingebürgert hat, wollen wir ihn beibehalten, jedoch mit der Maßgabe, daß er *plot* und nicht *action* bedeutet. Beide Begriffe müssen aber noch von einem dritten unterschieden werden, für den ebenfalls ein englisches Wort gebräuchlich ist: *story*. Im

Deutschen spricht man gewöhnlich von der *Geschichte* eines Dramas, manchmal auch von der *Fabel*, was allerdings zu Verwirrungen führen kann, da dieses Wort gelegentlich auch als deutsche Übersetzung für plot verwendet wird. Geschichte bzw. story ist das, was man an einem Drama (oder einer Erzählung) in beliebiger Form nacherzählen kann. Ein plot hingegen läßt sich nicht nacherzählen, sondern nur nachzeichnen. Geschichte ist die stoffliche Gegebenheit der im Drama gestalteten Ereignisse, also etwas, das man sich als Geschehenes vorstellt; plot dagegen ist das Gerüst, das jedem einzelnen Ereignis seinen Platz im aktualisierten Ablauf des Geschehens zuweist. Im Unterschied dazu könnte man Ereignisse, die der psychologischen Motivation eines Handelnden entspringen, als action bezeichnen, was terminologisch dann ein Gewinn wäre, wenn man »Handlung« mit plot gleichsetzt.

Der Handlungsaufbau ist das Element eines Stücks, das am stärksten von einer lernbaren handwerklichen Fertigkeit des Autors abhängt. Eine Figur zum Leben zu erwecken, dazu bedarf es schöpferischer Intuition, eine Handlung wirkungsvoll aufbauen kann auch ein biederer Handwerker. Als einen solchen darf man Gustav Freytag, den Verfasser des vielgelesenen Romans *Soll und Haben*, ansehen, der sich daneben auch im Drama versucht und darüber hinaus ein Buch über dessen Technik geschrieben hat, das auch heute noch als eine anschauliche Beschreibung der Machart traditioneller Dramen gelten darf. Was dort in systematischer Weise zusammengefaßt wird, gehörte seit zweitausend Jahren zum Werkzeugkasten jedes professionellen Stückeschreibers.

Schon Aristoteles definierte die Tragödie als die »Nachahmung einer in sich abgeschlossenen und vollständigen Handlung«, und mit der ihm eigenen Gründlichkeit fügte er hinzu, daß jedes Ganze immer einen Anfang, eine Mitte und ein Ende habe. Der Anfang sei das, dem nichts vorausgehe, aber etwas folge, die Mitte das, dem etwas vorausgehe und etwas folge, das Ende das, dem etwas vorausgehe, aber nichts folge. Daraus ergibt sich für den Dramatiker die

Schwierigkeit, eine Handlung beginnen lassen zu müssen, ohne daß ihr etwas vorausgeht, obwohl doch der Zuschauer weiß, daß der abgebildeten Handlung unendlich viel vorausgegangen ist.

Das handwerkliche Geschick des Dramatikers erweist sich darin, daß er in die Eröffnung des dramatischen Geschehens alle Informationen über vorausgegangene Ereignisse einfließen läßt, soweit deren Kenntnis erforderlich ist, um die nachfolgende Handlung zu verstehen. Da aber das neue Geschehen in der Handlungsgegenwart bereits läuft, muß die Vergangenheit durch besondere Kunstgriffe in die Gegenwart hereingeholt werden. Dies kann z. B. dadurch geschehen, daß ein Wissender einen Unwissenden einweiht wie in Sophokles' *Philoktet*, wo Odysseus den Neoptolemos über die Vorgeschichte aufklärt. In *König Ödipus* läßt Sophokles die Vorgeschichte durch den Mund Kreons als einen vom Orakel des Apoll eingeholten Götterspruch verkünden. In Shakespeares *Othello* erfahren wir die Vorgeschichte vom Helden selbst, als dieser in der dritten Szene vor den Dogen zitiert wird, wo er seine früheren Handlungen rechtfertigen muß. In *Hamlet* ist es ein Geist, der uns über die Vorgeschichte aufklärt. Dramatiker von minderem Rang breiten die Vorgeschichte umständlich aus oder bedienen sich relativ plumper Mittel wie z. B. des Botenberichts. In seinem ersten Königsdrama *Heinrich VI.* erweist sich Shakespeare als noch wenig geübter Dramaturg, wenn er die politische Vorgeschichte durch drei Boten berichten läßt. In den späteren Stücken gelingt es ihm, die Information über die Vergangenheit so aus der bereits anlaufenden Gegenwartshandlung heraus zu entwickeln, daß sie nicht bloß eine Erklärung für das neue Geschehen liefert, sondern diesem den entscheidenden Schub verleiht. So beginnt auch *Macbeth* zunächst mit Berichten, denen wir entnehmen, daß eine Schlacht geschlagen wurde, in der Macbeth sich ausgezeichnet hat, und daß er zur Belohnung vom König den Titel des Than von Cawdor verliehen bekommt. Doch Macbeth selbst ist noch gar nicht anwesend. Er begegnet in der darauffolgenden Szene den Hexen, die ihm jene Titelverleihung als eine ihrer drei Weissagungen verkünden. Die erste, daß er Than von Glamis ist, überraschte ihn nicht, da er vom Tod des früheren Titelinhabers erfahren hatte. Die zweite, daß er Than von Cawdor ist, weiß der Zuschauer, aber Macbeth erfährt es erst unmittelbar nach dem Verschwinden der Hexen aus dem Munde eines Boten. Und da diese beiden »Prophezeiungen« sich als wahr erwiesen, glaubt er auch die dritte, daß er König werden soll. Gleichzeitig ist aber mit dieser komplexen Verknüpfung von Vergangenheit und Zukunft das tragische Problem Macbeths bereits voll entfaltet. Am Ende bewahrheiten sich alle drei »Weissagungen«, wodurch der Anschein erweckt wird, als sei Macbeth der Spielball höherer Schicksalsmächte. In Wirklichkeit aber wird durch die beiden ersten Weissagungen nichts Zukünftiges vorausgesagt, sondern nur etwas schon Geschehenes mitgeteilt. Es sind also gar keine wirklichen Prophezeiungen. Die einzige echte Prophezeiung ist die dritte. Aber genau diese trifft nicht von selber ein, sondern wird von Macbeth gewaltsam in die Tat umgesetzt. Damit ist das moralische Zentrum des Stückes von Anfang an ins Innere des Helden verlagert. Bereits in der vierten Szene wird sich Macbeth der Versuchung, der er sich ausgesetzt sieht, voll bewußt, als er vor dem Gedanken zurückschaudert, daß ihm der Weg zur Königswürde durch das Leben des legitimen Thronerben versperrt ist. In der fünften Szene schwingt die moralische Waage in ihm zur anderen Seite, als Lady Macbeth ihn mit subtilen Einflüsterungen zur Mordtat anstachelt. Und in der sechsten Szene nimmt das Geschehen mit dem Eintreffen des Königs vor Macbeths Burg bereits seinen Lauf.

Die drei hier skizzierten Phasen – Anknüpfen an die Vorgeschichte, Motivation der neuen Handlung und Vorbereitung einer Situation, die deren Beginn ermöglicht – faßt man unter dem Begriff *Exposition* zusammen. Darunter versteht man allgemein die kunstgerechte Entwicklung einer Handlung aus einer Ausgangssituation, die das nachfolgende Geschehen logisch verständlich und psychologisch glaubwürdig macht. Die Exposition muß noch nicht die gesamte Vorgeschichte enthalten. Es ist dramaturgisch meist wirkungsvoller, wenn diese nach und nach enthüllt wird. Sie muß auch nicht alle handelnden Personen vorstellen. Entscheidend ist ihre Funktion als »Treibsatz« der Handlung. Dazu bedarf es, um im Bilde zu bleiben, vor allem eines Zündfunkens. Gustav Freytag spricht hier vom *erregenden Moment* und meint damit jenen Impuls, der dem neuen Geschehen eine für den Zuschauer erkennbare Stoßrichtung gibt. In *Macbeth* ist dies die Prophezeiung der Hexen, die dadurch ausgelöste moralische Beunruhigung des Helden und deren Zuspitzung zum Vorsatz des Mordes.

Ist der Treibsatz der Exposition gezündet, steigt die Handlung bis zu einem vom Zuschauer vorausgeahnten Höhepunkt an. In der Tragödie ist dies der Punkt, an dem die letzte Hoffnung für den Helden schwindet und sich sein Schicksal der *Katastrophe* zuneigt. Aristoteles nennt diesen Wendepunkt *Peripetie*. In der Komödie entspricht ihm der *Punkt der äußersten Verwicklung* des Handlungsknotens, von dem an der Zuschauer, der auf eine komische Lösung eingestimmt ist, auf das *Dénouement*, zu deutsch die Aufknotung, wartet.

Exposition, Schürzung des Knotens in der aufsteigenden Handlung, Wendepunkt, fallende Handlung und Lösung des Knotens entweder in Form der tragischen Katastrophe oder des komischen Dénouements: dies ist das Grundmuster des klassischen Dramas. Doch wenn ein Stück sich nur an das Grundmuster hielte, wäre der Handlungsverlauf für den Zuschauer allzu leicht zu durchschauen, und es würde nur wenig Spannung aufkommen. Deshalb pflegen die Dichter den allzu raschen Anstieg der Handlung durch *retardierende Momente* zu unterbrechen, während sie im fallenden Teil der Handlung durch ein *Moment der letzten Spannung* das allzu gewiß vorausgesehene Ende noch einmal als ungewiß erscheinen lassen. Diese von Gustav Freytag geprägten Begriffe sind anschauliche Beschreibungen dessen, was in vielen Dramen zu beobachten ist. Sie sind aber keineswegs Normen, die der Autor zu erfüllen hat. Das einzige, was ein

Drama erreichen muß, ist, daß das Reizniveau des Zuschauers bis zu einem bestimmten Punkt angehoben und danach wieder abgesenkt wird, damit der Zustand lustvoller Befriedigung eintritt, dessentwegen der Normalbürger, der nicht Literaturwissenschaft studiert, ins Theater geht.
Das oben beschriebene Grundmuster bezog sich zunächst nur auf eine in der Zeit linear voranschreitende Handlung. Wir alle kennen aber aus der Literatur und vor allem aus dem Fernsehen ein Handlungsmuster, bei dem in der voranschreitenden Realzeit ein schon abgeschlossenes Geschehen in die Vergangenheit zurückverfolgt wird: die Form der Detektivgeschichte, die durch den Krimi konfektioniert wurde. Diese Form finden wir schon bei Sophokles in *König Ödipus*, wo die gesamte Handlung in der Aufklärung und Sühnung einer schon abgelaufenen Handlung besteht. Man spricht hier von einem *analytischen Drama*. Kleist verwendet die Form mit komischer Wirkung im *Zerbrochnen Krug*. Später hat sich Ibsen ihrer bedient, um zu zeigen, wie die Menschen in allen ihren Handlungen immer schon in ein Netz von determinierenden Zwängen verstrickt sind, weil sie etwas in ihrer Vergangenheit verdrängt haben und von dieser »Lebenslüge« schließlich eingeholt werden. Im Naturalismus, der im Menschen ein von Milieu und Vererbung determiniertes Wesen sah, bot sich das analytische Drama als besonders geeignete Form an, um die Auseinandersetzung mit solchen schon vorgefundenen Zwängen darzustellen.

Schauplatz

Im antiken Drama genügte es, die Handlung in der Phantasie des Zuschauers einem aus dem Mythos bekannten imaginären Ort zuzuweisen, ohne daß dieser real gezeigt werden mußte. Mit dem Aufkommen des Illusionstheaters und der Darstellung von Stoffen, die nicht wie die antiken Mythen allgemein bekannt waren, mußte dem Zuschauer auch der Ort der Handlung in irgendeiner Weise vorgeführt werden, da sonst die Identifikation mit dem Geschehen auf der Bühne beeinträchtigt worden wäre. Shakespeare hatte noch nicht die neuzeitliche Guckkastenbühne mit ihren illusionsfördernden Kulissen. Man spielte im elisabethanischen Theater auf einer Rampenbühne, die in das Auditorium hineinragte und von drei Seiten her einzusehen war. Es fanden zwar durchaus Requisiten und Bühnenversatzstücke Verwendung, durch die ein bestimmter Schauplatz angedeutet wurde, und auch die oft sehr kostbaren Kostüme trugen als Insignien sozialer Ränge zu einer realistischen Ortsbestimmung des Geschehens in der Phantasie des Zuschauers bei. Doch den weitaus größten Teil der Vergegenwärtigung des Schauplatzes mußte die dichterische Sprache leisten. Peter Hall, der bekannte englische Regisseur, nannte Shakespeares Drama einmal in einem Vortrag »fully verbalised«. In der Tat wird die simulierte Wirklichkeit eines Shakespeare-Stücks fast ausschließlich durch Sprache vergegenwärtigt. Sprache vermag durchaus einen realistischen Schauplatz zu beschwören, oft sogar dramatisch wirkungsvoller als eine pedantische Reproduktion der alltäglichen Wirklichkeit, wie sie im naturalistischen Drama üblich war. Die Naturalisten mußten dem Schauplatz nicht nur aus Gründen des Illusionstheaters große Bedeutung beimessen, sondern vor allem deshalb, weil sie im Milieu einen der wesentlichen determinierenden Faktoren sahen, die auf den Menschen einwirken. Bei Gerhart Hauptmann gehört der Schauplatz zum inneren Bereich des dramatischen Gegenstandes und wird deshalb in den Bühnenanweisungen sehr bestimmt und detailliert beschrieben. Bei Shakespeare ist der Wald von Arden in *Wie es Euch gefällt* oder die Heide in *König Lear* nicht materieller Gegenstand, sondern Ausdruck des inneren Dramas. Deshalb ist eine nur andeutende Darbietung auf der Bühne in diesem Fall wahrscheinlich wirkungsvoller, da sie der Phantasie beim Aufbau einer symbolhaltigen Bildvorstellung mehr Freiheit läßt. Will man ein Theaterstück interpretieren, d. h. auf das hin analysieren, was an ihm poetisch wirksam ist, so wird man bei der Betrachtung des

Schauplatzes als erstes fragen müssen, ob er ein aktiv wirksamer Teil des dramatischen Geschehens oder nur die bildhafte Unterstützung einer bestimmten Bedeutung ist.

Requisiten

Außer dem Schauplatz im weiteren Sinn gibt es noch materielle Einzelobjekte, die dramaturgisch wirkungsvoll eingesetzt werden können. Die Krone, die Heinrich IV. bei Shakespeare neben sich auf dem Sterbebett haben will, oder der Schädel Yoricks in der Totengräberszene in *Hamlet* sind Requisiten, deren Symbolik gar nicht zu übersehen ist. Kleists *Prinz von Homburg* beginnt damit, daß der Held vom Kurfürsten und seiner Begleitung nachts im Garten des Schlosses angetroffen wird, wo er sich schlafwandelnd einen Lorbeerkranz flicht. Der Kurfürst nimmt ihm den Kranz aus der Hand, schlingt seine goldene Halskette um den Kranz und gibt beides seiner Nichte Natalie. Der Prinz greift, noch immer schlafend, nach dem Kranz und erhascht nur einen Handschuh, den er beim Erwachen in seiner Hand findet. Dem Zuschauer mag dies zunächst nur als die szenische Vorführung eines Schlafwandlers erscheinen. Doch am Schluß des Stücks, als der Prinz wegen Überschreitung des Befehls zum Tode durch Erschießen verurteilt worden ist, wird der ganze Vorfall mit dem Kranz und dem Handschuh noch einmal aufgerollt. Spätestens dann merkt der Zuschauer, daß diese Requisiten von Anfang an als der symbolische Rahmen des Stückes geplant waren. Requisiten werden nicht immer so absichtsvoll und mit so tiefgründiger Bedeutung eingesetzt wie bei Kleist. Doch sollte man beim Interpretieren eines Dramas noch auf die scheinbar unbedeutendsten Gegenstände achten. Manche Autoren wie z. B. Tennessee Williams haben ihre Stücke mit so zahlreichen symbolischen Requisiten befrachtet, daß man als Interpret kaum des Guten zuviel tun kann, wenngleich man gelegentlich versucht ist, diesen Vorwurf dem Autor zu machen.

Alle Dramen, gleichgültig welchen Typs, haben eine innere Bewegung miteinander gemein, ohne die sie den Zuschauer nicht im Theater halten könnten: sie erzeugen in ihm eine gespannte Erwartung, die im Verlauf der Aufführung so gelöst wird, daß er danach eine nicht nur rationale oder moralische, sondern lustvoll-affektive Befriedigung empfindet. Für den Aufbau einer solchen Spannung gibt es verschiedene Möglichkeiten. Das Hoffen auf einen glücklichen Ausgang erzeugt ebenso gespannte Erwartung wie das Befürchten einer Katastrophe. Je nach der Art und dem Grad der Identifikation mit dem Helden ergibt sich deshalb eine begrenzte Anzahl unterschiedlicher Grundmuster. Steht im Mittelpunkt ein positiver Held, der sich gegen die Bosheit der Welt behaupten muß, so hofft der Zuschauer auf dessen Errettung. Solange die Gefahr dabei unterhalb der Schmerzgrenze echten Leidens bleibt, bewegt sich ein solcher Handlungsverlauf im Bereich der *Komödie*. Wird die Schmerzgrenze überschritten und der Held trotzdem gerettet, haben wir es mit einem Typus zu tun, der in der englischen Literatur meist als *Melodrama*, in der deutschen als *Sensations-* oder *Rührstück* bezeichnet wird. Steht im Mittelpunkt ein negativer Held, so hofft der Zuschauer auf dessen Bestrafung. Bleibt dabei seine Negativität unterhalb der moralischen Schmerzgrenze, so bewegt sich die Handlung ebenfalls im Bereich der Komödie, da der Zuschauer sich dann mit dem Lächerlichmachen des Bösewichts zufriedengeben wird. Ist der Bösewicht aber ein echter Verbrecher, wird man sich für ihn auch eine echte Bestrafung wünschen. Beispiele sind die *Tyrannendramen* des Barock und die *Schauerstücke* des 18. Jahrhunderts, die beide, bei lockerer Verwendung des Begriffs, oft als Tragödien bezeichnet werden. Im Deutschen könnte man für diese Form den Begriff *Trauerspiel* reservieren, dann hielte man sich den der *Tragödie* frei für jene vierte, allgemein am höchsten geschätzte Form, bei der der Zuschauer sich positiv mit einem schuldig werdenden Helden identifiziert, für den er zuerst hofft, dann um ihn fürchtet und zuletzt mit ihm leidet, wohl wissend, daß er sein Unglück durch eigene Schuld auf sich gezogen hat. Diese moralisch ambivalente Struktur ist das Kennzeichen der echten Tragödie.

Komik und Tragik stehen einander wie eine anthropologische Fundamentalopposition gegenüber. Es liegt nahe, sie mit der ebenfalls anthropologisch gegebenen Opposition von Lachen und Weinen in Verbindung zu bringen. Beides sind psychische und physiologische Reaktionen, die nur dem Menschen eigen sind. Wohl kann das Tier Freude und Trauer empfinden, aber es kann weder lachen noch weinen. Was ist der Grund dafür? Lachen und Weinen sind Formen des Abreagierens psychischer Spannungen. Wir freuen uns, wenn ein erhofftes Ereignis eintritt oder ein befürchtetes ausbleibt. Aber lachen werden wir nur dann, wenn das Ereignis auf unerwartete und viel harmlosere Weise eintritt, als wir befürchtet hatten. Dann entlädt sich der Überschuß an Erwartungs- oder Befürchtungsspannung in Form von Gelächter. So lachen wir z. B. über einen unanständigen Witz, wenn die befürchtete Tabuverletzung durch ein geschicktes anzügliches Wortspiel umschifft wurde, wodurch ein Überschuß an psychischer Energie entsteht, den wir zur Abwehr dieser Verletzung aufgebaut haben und nun durch Lachen abreagieren. Voraussetzung dafür ist aber, daß wir Ereignisse in der Vorstellung antizipieren und deren Differenz zu dem eintretenden Ereignis erkennen können. Das Tier kann nur nach dem Pawlowschen Prinzip des konditionierten Reflexes antizipieren, es kann nicht wie der Mensch durch Imagination sich selbst in die Zukunft entwerfen, um dann, wenn der Entwurf durch die Realität nicht bestätigt wird, die überflüssig gewordene Vorstellungsenergie mit reflexhaftem Gelächter abzureagieren. Allerdings wird dieses Abreagieren nicht bei jeder unbestätigten Antizipation erforderlich, sondern nur bei einer solchen, die in uns auf irgendeine Weise eine Spannung erzeugt. Wir lachen entweder aus Freude, weil ein Ereignis sich als harmloser herausgestellt hat, als wir befürchteten, oder aus Schadenfreude, weil ein Schaden, den wir dem Geschädigten gönnen, eingetreten, aber doch unter jener Schmerzgrenze geblieben ist, die es uns moralisch unmöglich gemacht hätte, uns darüber zu freuen. Wir lachen aber normalerweise nicht, wenn ein bloßer Wunsch in Erfüllung gegangen ist; dann freuen wir uns nur.

Ganz analog verhält es sich mit dem Weinen. Auch dieses ist ein Abreagieren einer psychischen Spannung, die wir zur Bewältigung eines schmerzhaften Erlebnisses in uns aufgebaut haben. Deshalb weinen wir normalerweise nicht, während wir den physischen oder psychischen Schmerz unmittelbar erleben, auch wenn dieser uns auf Grund einer physiologischen Reaktion die Tränen in die Augen treibt. Das Weinen im eigentlichen Sinn setzt erst ein, wenn wir beginnen, uns von dem Schmerz zu distanzieren, wenn wir ihn »abreagieren«. Tränen kann auch das gequälte Tier vergießen, aber es kann sich nicht von seinem Schmerz distanzieren. Deshalb kann es wohl wimmern und klagen, aber nicht weinen. Lachen und Weinen sind Phänomene psychischer Spannung und Entspannung und haben schon deshalb eine besondere Affinität zum Drama, eben weil dieses, wie eingangs gesagt, auf dem Prinzip des Aufbauens und Lösens von Spannung beruht. Ihren dramatischen Ausdruck finden sie in der Komödie und der Tragödie, die es nun genauer zu betrachten gilt.

Die Komödie

Es lassen sich zwei gegensätzliche Formen der Komödie unterscheiden: die *humoristische*, bei der wir auf die Errettung eines positiven Helden hoffen, und die *satirische*, bei der wir die Entlarvung und Bestrafung eines negativen Helden wünschen. Beide Formen sind leicht miteinander zu verbinden. Man braucht nur dem positiven Helden einen negativen gegenüberzustellen, dann freuen wir uns über das

Glück des ersteren und genießen schadenfroh die Verspottung des letzteren. Mit dem einen lachen wir, den andern lachen wir aus. Allerdings muß auch der positive Held einige Bedingungen von Komik erfüllen, um wohlwollendes Gelächter auf sich zu ziehen. Ein durch und durch tugendhafter Mensch wird nur dann zum Helden einer Komödie taugen, wenn er entweder als Tugendbold zur Zielscheibe milden Spotts wird oder aber geistig so überlegen ist, daß er durch seinen Witz die weniger Tugendhaften der Lächerlichkeit überführt. Lessings Nathan, der als die tugendhafteste Gestalt der deutschen Literatur gelten darf, ist dank seiner moralischen und geistigen Überlegenheit zugleich auch eine Quelle herrlicher Komik, die nur leider in vielen Aufführungen nicht zur vollen Wirkung gelangt, da sein Charakter dazu verführt, ihn als einen von Edelmut triefenden Heiligen zu spielen. Auch Shakespeares Frauengestalten, wie Portia im *Kaufmann von Venedig* und Rosalind in *Wie es Euch gefällt*, sind tugendhafte Heldinnen, die dadurch zur Quelle von Komik werden, daß sie mit ihrem Witz die menschlichen Schwächen der anderen der Lächerlichkeit preisgeben. Molières Helden hingegen, wie der Eingebildete Kranke, der Geizige oder der heuchlerische Tartuffe, sind Zielscheiben des Spotts, da in ihnen eine Untugend satirisch entlarvt wird.

Der Unterschied zwischen den beiden gegensätzlichen Quellen von Komik zeigt sich besonders deutlich bei einer Gegenüberstellung der beiden Theaterfiguren, die diesen Gegensatz archetypisch verkörpern: Tölpel und Narr. Der Tölpel ist eine Figur, über die wir lachen, indem wir sie voller Schadenfreude auslachen. Der Narr hingegen bringt uns zum Lachen, indem er andere und damit indirekt uns selbst der Lächerlichkeit überführt. Geniale Zirkusclowns werden deshalb so sehr bewundert, weil es ihnen gelingt, aus dem Gewand des Tölpels immer wieder den überlegenen Narren hervorblitzen zu lassen. Ihr Spiel ist für den Zuschauer ein ständiges Wechselbad zwischen Sympathie und Schadenfreude. Was der Zirkusclown mit pantomimischen Mitteln erreichen muß, kann der Dichter einer Komödie auf noch subtilere Weise sprachlich zum Ausdruck bringen. Die meistbewunderten komischen Charaktere sind solche, die uns wie der Zirkusclown ständig zwischen Sympathie und Schadenfreude hin und her schwanken lassen. Shakespeares Falstaff ist eine solche Figur. In der deutschen Literatur wäre Kleists Dorfrichter Adam zu nennen. Auch das Blumenmädchen Eliza Doolittle aus Shaws *Pygmalion*, weitaus bekannter als Musical unter dem Titel *My Fair Lady*, ist eine solche Verbindung der beiden Grundformen des Komischen. Die ungebildete ordinäre Kodderschnauze ist zugleich Tölpel und überlegene Närrin. Shaw entfaltet diesen Gegensatz im Laufe des Stückes als dessen Programm, indem er den feinen Herrn Professor Higgins aus dem tölpelhaften Mädchen eine feine Dame machen läßt, die nun ihrerseits den feinen Herrn als einen Gefühlstölpel entlarvt.

Wenn in einem Stück die Komik wesentlich dem positiven Witz oder den lächerlich gemachten Mängeln eines Charakters entspringt, spricht man vom Typus der *Charakterkomödie*. Wird die Komik hingegen vor allem durch überraschende Situationen wie Verwechslungen, zufällige Begegnungen oder entlarvte Spitzbübereien erzeugt, haben wir es mit dem Typus der *Situationskomödie* zu tun. Teilt man Komödien nicht nach der Quelle ihrer Komik, sondern nach dem Zentrum der Problemstellung ein, so wird man die, in denen die individuellen Schicksale der Helden im Mittelpunkt stehen, ebenfalls Charakterkomödien nennen, während sich für solche, in denen es um menschliches Verhalten und soziale Beziehungen geht, die Bezeichnung *Gesellschaftskomödie* anbietet. Gesellschaftskomödien können sehr wohl zugleich auch Charakterkomödien sein. Hofmannsthals *Der Schwierige* ist dafür ein hervorragendes Beispiel. Meist aber legen sie weniger Gewicht auf die Darstellung individueller Charaktere und ziehen es vor, gesellschaftliches Verhalten durch weniger komplexe Typen vorzuführen. In England begann die Gesellschaftskomödie

mit Ben Jonsons *comedy of humours*, in der noch die früher erwähnten psychologischen Charaktertypen auftraten, deren Komik auf der übertriebenen Ausbildung eines einzigen Charakterzugs beruhte. Später entwickelte sich daraus die Gesellschaftskomödie im engeren Sinne, die *comedy of manners*, die bis heute die vorherrschende Komödienform der englischen Literatur geblieben ist.
Die drei hier unterschiedenen Komödientypen können in jeder beliebigen Mischform auftreten. Sie sind keine eigenen Gattungen. Es lohnt sich deshalb auch nicht, sie weiter zu definieren. Auch die Tragikomödie, für die oft ein eigener Gattungscharakter reklamiert wurde, ist nur eine Verbindung komischer und tragischer Elemente, wobei die einen oder anderen überwiegen können. Die einzige traditionelle Komödienform, die so etwas wie einen eigenen Gattungscharakter hat, ist die italienische Stegreifkomödie, die wir deshalb gesondert betrachten wollen.

Commedia dell'arte

Die Wurzeln dieser Komödienform, die sich im 17. und 18. Jahrhundert über ganz Europa verbreitete, reichen bis in die Volkskultur der Römerzeit zurück. Ihre beiden Wesensmerkmale sind der improvisatorische Grundcharakter und die Festlegung der Figuren auf ganz bestimmte, ständig wiederkehrende Stereotype. Die Standardfiguren sind: Pantalone, ein argwöhnischer, geldgieriger und ständig hintergangener Kaufmann aus Venedig in roten Hosen, die nach ihm so benannt wurden; Dottore, ein gelehrter Schwätzer aus Bologna mit Advokatengewand und breitkrempigem Hut; Capitano, ein feiger, großsprecherischer Maulheld; Arlecchino, ein schelmischer Diener aus Bergamo mit Flikkenwams und Pritsche; Brighella, ein ebenso gewitzter Diener in grünweiß gestreiftem Kostüm; Pulcinella, ein bauernschlauer neapolitanischer Diener in weiten weißen Pluderhosen mit vogelnasiger Halbmaske und weißem Spitzhut;

Colombina, Tochter oder Dienerin des Pantalone und Geliebte des Arlecchino; außerdem noch Tartaglia, der Stotterer, Beltrane, der Querkopf, und andere Funktionstypen. Das Typenrepertoire der Commedia dell'arte und auch das Repertoire ihrer komischen Handlungsmotive ist in unzähligen Verwandlungen in der Kunstkomödie aller europäischen Literaturen zu finden und kehrt z. T. noch in Stücken der Gegenwart wieder. Dies braucht nicht unbedingt auf einem direkten Einfluß zu beruhen. So wie in den Volksmärchen sich archetypische Motive ausdrücken, die unabhängig voneinander in allen Erdteilen anzutreffen sind, so enthält auch die Commedia dell'arte archetypische Elemente, die unabhängig von ihr auftreten konnten. Doch die große Popularität und die weite Verbreitung des italienischen Musters lassen es wahrscheinlicher erscheinen, daß ihr Vorbild durch viele Generationen hindurch in die literarische Tradition eingegangen ist und auch dort noch wirksam bleibt, wo dies den späteren Autoren gar nicht bewußt wird.

Die Tragödie

Die Tragödie unterscheidet sich von der Komödie vor allem dadurch, daß sie vom Zuschauer mit viel geringerer Distanz wahrgenommen wird. Während in der Komödie das entlastende und damit distanzierende Lachen schon im Verlauf der Aufführung erfolgt, löst sich in der Tragödie die Spannung erst am Schluß, wenn wir erschüttert und vielleicht sogar weinend den Untergang des Helden erleben. In der Komödie ist der Zuschauer der Überlegene, der auf die Figuren herabschaut, auch wenn sie sozial weit über ihm stehen. Zum tragischen Helden hingegen, selbst wenn es sich um einen einfachen Arbeiter handelt wie Hauptmanns Fuhrmann Henschel, schauen wir hinauf. In der Komödie erlebt sich der Zuschauer als Vertreter der Normalität, von der die verspotteten Figuren abweichen, weil sie aus Unvernunft oder moralischer Schwäche unfähig sind, sich optimal an

ihre Verhältnisse anzupassen. In der Tragödie hingegen erlebt er sich in seiner Gewöhnlichkeit, während er voll heimlicher Bewunderung zu den tragischen Helden aufschaut, die diese Anpassung verweigern und damit ihren Untergang auf sich ziehen.
Diese unterschiedlichen Reaktionsweisen scheinen etwas mit den beiden Grundmustern unserer Sozialisation zu tun zu haben. Von Geburt an stehen wir in einem Spannungsfeld, indem wir uns einerseits in vertikaler Richtung auf die Autorität hin orientieren, die durch die Eltern, vor allem den Vater, verkörpert wird, während wir uns andererseits in horizontaler Richtung mit der *peer group*, den Geschwistern und Gleichaltrigen, solidarisieren, zu denen wir gleichzeitig in einem Konkurrenzverhältnis stehen. In der Tragödie dominiert das vertikale Prinzip der Identifikation mit und der Ablösung von einer Autoritätsperson, weshalb freudianische Theoretiker darin eine ritualisierte Form der Bewältigung des Ödipuskomplexes, ja des Vatermords, sehen. In der Komödie herrscht das horizontale Prinzip vor, demzufolge wir uns mit denen solidarisieren, die sich im Konkurrenzkampf an die Spielregeln halten und meist sogar durch eine komisch wirkende Schwäche etwas weniger erfolgreich sind als wir selber, während wir schadenfroh über diejenigen lachen, die sich auf unehrliche Weise einen Vorteil verschaffen wollen und dabei ertappt und bloßgestellt werden.
Dies reicht aber noch nicht aus, die Tragödie als die gewichtigste aller dramatischen Formen so zu definieren, daß sich der Begriff auf die konkreten Fälle in der Literatur anwenden läßt. Es geht in ihr um den Untergang eines Helden. Dies scheint ihr allgemeinstes Bestimmungsmerkmal zu sein. Doch wird längst nicht jeder Untergang eines Helden als tragisch empfunden. In der Alltagssprache hat sich zwar ein sehr lockerer Gebrauch des Wortes eingebürgert, so daß jeder tödliche Unfall und manchmal schon ein verschossener Elfmeter als tragisch bezeichnet wird. Sprechen wir aber über das Tragische in der Tragödie, werden wir weitgehende Zustimmung finden, wenn wir eine ganze Reihe von For-

men des Untergangs von vornherein ausschließen. So wird z. B. niemand den natürlichen Tod durch Altersschwäche als tragisch bezeichnen. Auch den vorzeitigen Tod, der ganz und gar zufällig durch einen Unfall herbeigeführt wird, werden wir nicht als Gegenstand einer Tragödie gelten lassen, selbst wenn wir ihn in der Alltagssprache tragisch nennen mögen. Zur Wirkung einer Tragödie gehört unabdingbar, daß der Held sich gegen seinen Untergang auflehnt. Das aber ist bei einem Unfall schlechterdings nicht möglich. Wenn das genannte Kriterium der Auflehnung richtig ist, dann scheidet auch der Untergang des Märtyrers aus, der an seinem Glauben festhält und ebendeshalb ohne Gegenwehr untergeht. Auch jede andere Form von Opfertod wird aus diesem Grund keine tragische Wirkung hervorrufen. Ebenso scheidet der wohlüberlegte Selbstmord aus, sofern er nicht wie bei Shakespeares Romeo auf einem Irrtum beruht. So bleiben schließlich nur noch solche Formen des Untergangs übrig, wo Menschen einer Bedrohung ausgesetzt sind, gegen die sie sich zur Wehr setzen und der sie zuletzt doch erliegen. Aber auch dies reicht nicht aus für eine Eingrenzung des tragischen Phänomens; denn den Untergang eines unschuldig Verfolgten, der sich gegen seine Verfolger zur Wehr setzt und am Ende doch überwältigt wird, werden wir ebenfalls nicht als tragisch empfinden. Damit eine solche Empfindung in uns aufkommt, muß der Held seinen Untergang in gewissem Umfang selbst verursacht haben. Dies ist die zweite Bedingung, ohne die tragische Wirkung nicht entstehen kann.

Wie kommt es nun, daß Menschen solche tragischen Untergänge mit Vergnügen wahrnehmen? Ist es reine Sensationslust oder ein natürlicher Sadomasochismus, wie schon Theoretiker im 18. Jahrhundert vermuteten, obwohl es den letztgenannten Begriff damals noch gar nicht gab? Die älteste und bis heute einflußreichste Theorie der Tragödie ist über zweitausend Jahre alt. Sie stammt von Aristoteles, der in seiner *Poetik* die Strukturmerkmale der Tragödie in einem einzigen Satz zusammengefaßt hat. Er lautet:

> Die Tragödie ist die Nachahmung einer edlen und abgeschlossenen Handlung von einer bestimmten Größe in gewählter Rede, derart, daß jede Form solcher Rede in gesonderten Teilen erscheint und daß gehandelt und nicht berichtet wird und daß mit Hilfe von Mitleid und Furcht eine Reinigung von eben derartigen Affekten bewerkstelligt wird.
>
> (Kap. 6; Übers. Olof Gigon)

Was Aristoteles über die Form und ihre gesonderten Teile sagt, bezieht sich auf die von den griechischen Tragikern praktizierte Gliederung der Szenen in ritualisierte Bestandteile wie Chorlieder, Wechselgesänge usw. und hat nichts mit der Struktur des Tragischen zu tun. Für diese sind nur die Begriffe Mitleid, Furcht und Reinigung von Bedeutung, die im Griechischen *ẹleos*, *phọbos* und *kạtharsis* heißen. Man hat jahrhundertelang darüber gestritten, was sie bedeuten und wie sie genau zu übersetzen sind. Die Deutung der ersten beiden Begriffe hängt wesentlich davon ab, wie man den letzten versteht. Die letzten beiden Worte des Aristotelischen Satzes können sowohl »Reinigung der Affekte« (genitivus objectivus) als auch »Reinigung von den Affekten« (genitivus separativus) bedeuten. Bei beiden Übersetzungen unterstellte man Aristoteles bis ins 19. Jahrhundert hinein eine moralisierende Absicht. Entweder habe er die »Verwandlung der Leidenschaft in tugendhafte Fertigkeiten« (Lessing) gemeint oder die Erziehung zu einer stoischen Leidenschaftslosigkeit. Erst um die Mitte des 19. Jahrhunderts wies der Altphilologe Jakob Bernays nach, daß Katharsis für Aristoteles eine medizinische Bedeutung hatte. Nicht Veredlung der Gefühle, sondern Abfuhr und Entladung eines der Gesundheit abträglichen Affektstaus war damit gemeint.

Um Aristoteles richtig zu verstehen, muß man wissen, daß er seinen Lehrer Platon zu widerlegen versuchte, der die Dichter aus seinem Idealstaat verbannen wollte. Nach der Platonischen Ideenlehre sind nur die Ideen eine Wirklichkeit erster Ordnung, also wahr, und die Dinge der Welt nur Abbilder der Ideen und darum weniger wahr. Wenn der Künstler aber die Welt noch einmal abbildet, schafft er Abbilder von Abbildern und wird zum Verfasser von Unwahrheit. Dies aber gilt nach Aristoteles allenfalls für den Historiker. Der Dichter beschreibt die Welt nicht, wie sie war oder ist, sondern wie sie sein könnte. Die Kategorie der Möglichkeit ist den Ideen aber näher als die der Wirklichkeit. Platons Vorwurf gegen die Dichter war damit entkräftet. Der große Lehrer hatte aber noch einen zweiten Vorwurf gegen die Künstler, vor allem gegen die Musiker, erhoben, daß sie nämlich die Affekte aufstachelten und damit die vernünftige Besonnenheit gefährdeten, zu der der Mensch moralisch verpflichtet sei. Deshalb wollte Platon seinen Staat von allen Künsten, die den Menschen zu überschwenglichem Genuß verführten, »reinigen«. Aristoteles kehrt diesen Vorwurf gegen die Kunst um und sagt, daß gerade die physiologische Entspannung, die am Ende einer Tragödie im Zuschauer eintritt, diesen von seinen Affekten »reinige«. Katharsis bedeutet also für ihn ein orgastisches Erlebnis, das einen befriedigten und im Platonischen Sinne befriedeten Zuschauer zurückläßt.

Wie kommt nun dieses Erlebnis zustande? Alle psychologischen und physiologischen Lusterlebnisse beruhen auf dem Prinzip der Anhebung und Absenkung des Reizniveaus. Das Anheben bewirkt Erwartungslust, das Absenken Befriedigungslust. In der Tragödie wird das Anheben des Reizniveaus durch Phobos erreicht, d. h. durch den Schrecken, den wir empfinden, wenn wir das drohende Unheil zu ahnen beginnen, das sich über dem Helden zusammenzieht. Wendet sich die Handlung abwärts in die unausweichliche Katastrophe (*Peripetie* heißt diese Schicksalswende bei Aristoteles), dann wendet sich auch die Reaktion des Zuschauers. An die Stelle von Phobos tritt Eleos, der Jammer, den wir beim Untergang des Helden empfinden. Am Ende der Tragödie haben wir die ganze Anfangsspannung unseres Phobos durch Eleos abgearbeitet, und erleichtert und befreit verlas-

sen wir das Theater, so wie der Trauernde nach geleisteter Trauerarbeit wieder in den Alltag zurückkehrt. In diesem Grundschema besteht das Wesen einer Tragödie.
Für Aristoteles folgt daraus die Frage, wie der Held beschaffen sein muß, damit dieser Reaktionsablauf zustande kommt. Zunächst einmal muß er für den Zuschauer von grundsätzlichem Interesse sein, was bei einem ganz gewöhnlichen Durchschnittsmenschen kaum der Fall sein dürfte. Des weiteren darf er kein Verbrecher sein, da wir für diesen keinen Phobos, sondern nur die schadenfrohe Hoffnung empfinden würden, daß er bald zur Strecke gebracht werden möge. Es darf aber auch kein völlig Schuldloser sein; denn für einen solchen würden wir nur Phobos empfinden, könnten den Schrecken aber nicht durch Eleos so abarbeiten, daß eine lustvolle Katharsis eintritt. Sein Untergang würde uns mit Entsetzen erfüllen. So fordert Aristoteles denn einen Helden von einer gewissen Ranghöhe und einem Charakter, der ein Fehlverhalten aufweist. Auf griechisch heißt dieser tragische Fehler *hamartịa* (= Irrtum). Er führt zu einer Mitschuld des Helden an seinem Untergang, die aber nicht so groß sein darf, daß der Zuschauer den Untergang als vollkommen verdiente Strafe ansehen würde. In diesem Falle könnte er für den Helden keinen Jammer empfinden.
Damit haben wir alle wesentlichen Strukturmerkmale der Tragödie beisammen. Sie ist die Darstellung einer Handlung, in der ein sympathiewürdiger Charakter durch einen eigenen Fehler eine Gefahr für sich heraufbeschwört, die uns in Schrecken versetzt und der er nach einer Schicksalswende zum Opfer fällt, was in uns Jammer auslöst, bis wir zuletzt wieder auf der Null-Linie unserer Emotionen angelangt sind und kathartisch befriedigt das Theater verlassen. Nach dieser Beschreibung der Wirkungsweise einer Tragödie wollen wir im nächsten Kapitel eine eigene Theorie vorstellen, die erklären soll, wann und unter welchen Bedingungen Tragödien in der Literatur zu erwarten sind.

Komödien findet man zu allen Zeiten und bei allen Völkern, wenn auch nicht immer solche von hohem literarischem Rang. Tragödien hingegen sind in der Literaturgeschichte nur in großen Zeitabständen und innerhalb verhältnismäßig kurzer Zeiträume geschrieben worden. Ehe wir auf diese Zeiten tragischer Dichtung zu sprechen kommen, wollen wir zunächst einmal die theoretische Frage aufwerfen, wie wir uns das Bewußtsein einer Zeit vorstellen müssen, in der die Menschen disponiert sein könnten, aus dem Untergang eines Helden kathartische Befriedigung zu ziehen. Im vorangegangenen Kapitel hatten wir gesagt, das Eigentümliche an der Tragödie bestehe darin, daß der Zuschauer einerseits den Helden bewundert und um ihn fürchtet, andererseits aber dennoch imstande ist, den Jammer über dessen Untergang so abzureagieren, daß er daran Vergnügen hat. In welcher der historisch dokumentierten Gesellschaftsformen könnte man bei der Mehrzahl der Menschen eine so ambivalente Disposition erwarten?

Von einer hierarchisch-aristokratischen Gesellschaft wird man annehmen dürfen, daß die Menschen in ihr bereit waren, den herausragenden Anführer als ihren Helden zu bewundern und sich mit ihm zu identifizieren, da seine Stärke zugleich eine Garantie ihrer eigenen Sicherheit war. Deshalb dürften sie wohl auch in der Fiktion für einen bedrohten Helden ein hohes Maß an Phobos entwickelt haben, doch müßte es ihnen außerordentlich schwergefallen sein, den Jammer über seinen Untergang so rasch abzureagieren, daß sie das Theater kathartisch befriedigt hätten verlassen können. Viel eher würde man bei ihnen jene langanhaltende Totenklage erwarten, die ein so charakteristischer Bestandteil der alten Epen und Heldenlieder ist (z. B. *Gilgamesch*, *Ilias*, *Beowulf*). In der entgegengesetzten, also demokratisch-egalitären Gesellschaft wird man hingegen eine Bereitschaft erwarten, die Nivellierung der herausragenden Stellung des Helden mit einer gewissen

Befriedigung zu quittieren, da sein Herausragen ein Verstoß gegen das Gleichheitsprinzip war. Aber in diesem Fall dürfte es vorher kaum zum Aufbau eines starken Phobos kommen; denn der Held müßte doch wohl schon am Anfang, wo er noch ohne Makel ist und infolgedessen in besonderer Weise über das Normalmaß hinausragt, Ablehnung und Mißtrauen hervorrufen. Ein Publikum, das bereit ist, einerseits den herausragenden Helden zu bewundern und andererseits nach seinem Untergang lustvolle Befriedigung zu empfinden, wäre am ehesten denkbar in einer Übergangszeit, in der die aristokratischen Wertnormen noch im Gefühl verwurzelt sind, die demokratisch-egalitären aber schon den subjektiven Interessen entsprechen. Eine besondere Form des Übergangs müßte aber von vornherein ausgeschlossen werden, die revolutionäre; denn eine gewaltsam herbeigeführte egalitäre Gesellschaftsordnung wird die Menschen zu einer so entschiedenen Parteinahme zwingen, daß sie nur Anhänger des alten oder des neuen Systems sein können, wobei in ihrem Gefühlsleben kein Raum für die oben definierte ambivalente Reaktion bliebe.

Das Verblüffende ist nun, daß alle Blütezeiten tragischer Dichtung just an solchen Übergangsstellen der Sozialgeschichte angesiedelt sind. Die griechische Tragödie entstand im 5. Jahrhundert v. Chr., nachdem die Reformen des Kleisthenes die Adelsherrschaft in eine demokratische Herrschaftsform überführt hatten, ohne daß jedoch eine radikale Demokratisierung, wie sie von fortschrittlichen Kreisen unter dem Schlagwort Isonomie gefordert wurde, eingetreten war. Ihre nächste Blüte erlebte die Tragödie zur Shakespearezeit im elisabethanischen England, als der durch die Rosenkriege geschwächte Hochadel an Einfluß verlor und neben ihm der niedere Adel, die sog. gentry, und mit diesem das städtische Bürgertum aufstieg und im Unterhaus die politische Initiative gewann. Die dritte Epoche findet sich in der deutschen Literatur, wo von Lessing über Schiller, Goethe, Kleist und Hebbel bis hin zu Gerhart Hauptmann ein langes, beharrliches Ringen um die Tragödie stattfand.

Diese Übergangszeit ist deshalb so lang, weil hier die Hinwendung zur demokratisch-egalitären Gesellschaftsordnung, die durch die Aufklärung in Gang gesetzt worden war, nur im Denken erfolgte, während in der politischen Realität die auf die Freiheitskriege und dann auf die Revolution von 1848 folgende Restauration die alten hierarchischen Strukturen bis zum Ersten Weltkrieg konservierte. Im revolutionären Frankreich und im Rußland der Oktoberrevolution hätte es nach unserer Theorie zu keiner tragischen Literatur kommen können, da hier das egalitäre Prinzip mit Gewalt durchgesetzt und das aristokratische so sehr stigmatisiert wurde, daß sich das Publikum mit einem herausragenden Helden kaum hätte identifizieren können. Und in der Tat ist im Umkreis dieser beiden Revolutionen auch keine große tragische Dichtung zu finden.
Eine Sonderstellung nimmt Nordamerika ein. Das politische System der Vereinigten Staaten war von Anfang an auf dem demokratisch-egalitären Prinzip begründet. Deshalb mutet es wie eine vorweggenommene Bestätigung unserer Theorie an, wenn in der Zeitschrift *Life* vom 2. Dezember 1946 ein Artikel mit *»Untragic America«* überschrieben ist. Tragik ist dem Amerikaner der Nordstaaten in der Tat zutiefst wesensfremd. Allerdings gab es auf amerikanischem Boden ein Gebiet, wo nach unserer Theorie die tragische Disposition zu erwarten gewesen wäre, nämlich im Süden. Dort war im Bürgerkrieg eine agrarisch-aristokratische Gesellschaftsordnung zerstört und durch eine kapitalistisch-demokratische ersetzt worden. Doch dieser Umbruch war zunächst ein gewaltsamer, deshalb gilt für ihn das gleiche wie für die revolutionären Umwälzungen. Erst in unserem Jahrhundert wurde dem Süden gestattet, sich auf seine alte aristokratische Tradition zu besinnen. Es mutet abermals wie ein Beweis für die Richtigkeit unserer Theorie an, daß im Zuge dieser als Southern Renascence bezeichneten Rückbesinnung die oben definierte Übergangssituation entstand und daß fast wie mit naturgesetzlicher Notwendigkeit daraus tragische Dichtung hervorging, allerdings nicht in dramatischer, sondern in

epischer Form. Ihr Autor ist William Faulkner, der unter allen amerikanischen Autoren wohl am ehesten als Tragiker bezeichnet werden darf. Aber auch Tennessee Williams, ein anderer Südstaatler, stand im Banne dieses Gesellschafts- und Kulturkonflikts. Unsere Interpretation seines Stückes *Endstation Sehnsucht* im zweiten Teil dieses Buches wird zeigen, wie er daraus ein im Ansatz tragisches Drama macht, doch ohne die düstere tragische Weltsicht, die der Leser hinter Faulkners Romanen spürt.
Ein einziges literarisches Phänomen scheint unserer Theorie zu widersprechen: die klassische französische Tragödie des 17. Jahrhunderts. Corneille und Racine schrieben zu einer Zeit, als der Absolutismus seinen Höhepunkt erreicht hatte und von einer Übergangszeit in keiner Hinsicht die Rede sein konnte. Nun hat aber gerade Corneille Stücke geschrieben, die sich zwar formal an der aristotelischen Poetik orientieren, die aber inhaltlich kaum als Tragödien zu bezeichnen sind. Seine drei Meisterwerke *Le Cid*, *Horace* und *Cinna* enden nicht mit dem Untergang des Helden, sondern im Gegenteil mit dessen Rehabilitierung. Und *Polyeucte* ist als reines Märtyrerdrama ebenfalls dem Wesen des Tragischen entgegengesetzt. Nicht ohne Grund gab der französische Literarhistoriker J. Maurens seinem Buch über Corneille den Titel *La tragédie sans tragique (1966)*. Von Tragik im strengen Sinne wird man also bei Corneille kaum sprechen können. Anders verhält es sich mit Racine. Ein Stück wie *Phèdre* ist ohne Zweifel eine Tragödie. Doch anders als der von Jesuiten erzogene Corneille stand Racine unter dem Einfluß des Jansenismus, der katholischen Spielart des Puritanismus. Diese von einem Theologen namens Jansenius begründete Lehre sprach dem Menschen jede Möglichkeit der Selbstrechtfertigung ab und forderte von ihm ein asketisches Leben in demütiger Furcht vor der unerforschlichen Allmacht Gottes. Damit war hier im Kern ein ähnlich egalitärer Zug angelegt wie im englischen Puritanismus, dessen Prädestinationslehre ebenfalls in eigentümlicher Ambivalenz neben dem elitären Erwähltheitsbewußt-

sein ein egalitäres politisches Denken hervorgebracht hatte. Solange Racine mit Port Royal, dem geistigen Zentrum des Jansenismus, im Streit lag, stand er zwischen der Welt des Absolutismus und der des Jansenismus und befand sich damit in der klassischen Situation, die nach unserer Theorie für die Tragödie empfänglich machen sollte. Das war genau die Zeit, in der er seine großen Tragödien schrieb. Als er sich dann Port Royal unterwarf, gab er das Theater auf und schrieb später nur noch zwei biblische Stücke, die er zwar Tragödien nannte, die aber mit Tragik nichts mehr zu tun haben. Dafür, daß Racine eine Ausnahmeerscheinung ist, spricht ferner die Tatsache, daß die französische Literatur jener Zeit keinen anderen Tragiker von Rang aufzuweisen hat, während im elisabethanischen England noch ein Dutzend weiterer tragischer Dichter außer Shakespeare zu nennen wäre und die deutsche Literatur von Lessing bis Hauptmann fast ebenso viele besitzt.

Unsere Hypothese über den historischen Ort der Tragödie wäre freilich, um eine stringente Theorie zu werden, noch an weiteren Literaturen zu überprüfen, was den dafür zuständigen Spezialisten vorbehalten bleiben muß. Daß sie aber schon jetzt eine verblüffende Plausibilität hat und durch die literarhistorischen Fakten offensichtlich bestätigt wird, ist kaum zu bestreiten.

Eine Frage, die zum Schluß nicht ungestellt bleiben darf, ist die nach der Möglichkeit von tragischer Dichtung in unserer Zeit. Da sich inzwischen fast die ganze Welt zum egalitären Prinzip bekennt, folgt daraus nach unserer Theorie, daß eine emotionale Disposition für tragisches Erleben heute nicht mehr zu erwarten ist. Die Literatur der westlichen und auch der östlichen Welt scheint dies zu bestätigen. Am deutlichsten zeigt sich das entschiedene Vermeiden tragischer Konstellationen in den charakteristischen Mythen des amerikanischen Films. Im klassischen Western trägt fast immer der Verbrecher die Attribute, die den Helden der Tragödie auszeichnen. Er ist der stolze, zynische, den Pöbel verachtende Aristokrat mit dem silbernen Colt und der herrischen

Autorität gegenüber seiner Gang, während der positive Held gewöhnlich ein wortkarger, linkischer Mann ist, schlicht gekleidet und Frauen gegenüber schüchtern: ein Mann aus dem Volke, mit dem sich jeder identifizieren kann. Als solcher hebt er sich zwar durch seinen Mut und seine Schußsicherheit aus der feigen Menge heraus, doch straft er diese nicht mit Verachtung, wie es Shakespeares Coriolan tut. Vielmehr gewinnt er zuerst einen, dann einen zweiten und vielleicht noch einen dritten dafür, an seiner Seite zu kämpfen. Und am Ende, nach dem Showdown, wird er von der Gemeinschaft als derjenige anerkannt, der sie in ihrer Gewöhnlichkeit rehabilitiert hat, ohne sich allzusehr über sie zu erheben, während der Verbrecher mit seinen aristokratischen Allüren zu seiner verdienten Strafe gekommen ist. Dies Schema durchzieht in unzähligen Variationen den amerikanischen Film, und keineswegs nur den Western. Es scheint das den amerikanischen Wertnormen am meisten entsprechende Grundmuster zu sein. Im europäischen Film wirkt dagegen noch die Tradition der klassischen Literatur fort, so daß hier durchaus noch hin und wieder das tragische Pathos anzutreffen ist. Doch ist es selten mehr als bloße Wiederholung eines durch die Kulturtradition geheiligten Stereotyps.

Authentische Tragik entspricht heutzutage nicht nur keinem emotionalen Bedürfnis mehr, es scheint geradezu so, als sträubte sich etwas in unserem demokratischen Bewußtsein gegen die Zumutung tragischer Ambiguität. Welcher Dichter oder welcher Filmregisseur dürfte es wagen, Ulrike Meinhof als tragische Heldin auftreten zu lassen? Dabei wäre doch ihr gesetzwidriges Handeln weit eher zu rechtfertigen als z. B. das des Macbeth. Letzterer, der aus eigennützigem Ehrgeiz grausame Morde beging, wird Schülern als tragischer Held nahegebracht. Wer aber den Versuch machen würde, die aus uneigennütziger Verblendung begangenen Verbrechen der Meinhof ins Tragische zu überhöhen, zöge mit Sicherheit den Vorwurf auf sich, er verharmlose eine Gefahr für die verfassungsmäßige Stabilität unseres

Gemeinwesens. Daß es solche Versuche gegeben hat, beweist das Fortwirken eines als Wert empfundenen Tragikbegriffs. Daß aber keiner dieser Versuche aus der Meinhof eine tragische Heldin machen konnte, beweist ebenso, daß wir nicht mehr imstande sind, einen Helden gleichzeitig zu bewundern und zu verurteilen. Was wir bei den tragischen Helden der klassischen Literatur noch nachvollziehen können, weil sie von einer historisch-kulturellen Aura umgeben sind und weil ihre Verbrechen uns nicht weh tun, ist uns bei Figuren der Zeitgeschichte nicht mehr möglich. Vielleicht ist dies auch gut so. Der Gedanke, Hitler oder Pol Pot als tragisch verblendete Weltverbesserer auf der Bühne zu erleben, ist schwer erträglich. Beide waren nicht Repräsentanten einer hierarchisch-aristokratischen Ordnung; im Gegenteil, sie waren die Geschöpfe pervertierter demokratischer Bewegungen. Schon darum können sie für ein demokratisch-egalitäres Publikum nicht zu Identifikationsfiguren werden. Das klassische Schema, daß ein tragischer Held bewundert und bejammert wird und durch seinen Untergang dem Zuschauer kathartische Befriedigung verschafft, scheint heute keinem emotionalen Bedürfnis mehr zu entsprechen. An die Stelle der moralischen Ambivalenz der Tragödie ist das Absurde, das Makabre und der blanke Zynismus getreten. Die einzige Tragödie, die heute noch nach dem klassischen Schema erlebbar zu sein scheint, ist die der Menschheit selbst. Der Mensch als der Zauberlehrling, der einem Gott gleich die herrlichsten Schöpfungen hervorgebracht hat und der im Begriff ist, eben dadurch die von ihm geschaffene Kultur und möglicherweise sich selbst als Gattung zu vernichten. Dies scheint eine wahrhaft tragische Konstellation zu sein. Aber welcher Dichter könnte sie gestalten?

Auch die klassische Komödienform scheint dem modernen Drama nicht mehr zu genügen. Furcht und Hoffnung, diese beiden Ur-Impulse, die dem traditionellen Drama zugrunde liegen, setzen einen Menschen voraus, der ein Bild von sich selbst hat und dies in die Zukunft entwirft. Dem heutigen

Menschen scheint diese Selbstgewißheit verlorengegangen zu sein. So kann das Drama, wenn es ehrlich bleiben will, nicht mehr so tun, als wüßte es, was die Menschen erhoffen oder befürchten. Deshalb ist auch die komische Gattung in ihrer reinen Form aus dem modernen Theater verschwunden. Geblieben ist das wertneutrale Gehäuse des reinen dramatischen Prozesses, in den der Zuschauer so hineingezogen wird, daß er sich selbst in seiner Lebenswirklichkeit erfährt, ohne daß dieser Wirklichkeit bereits das deutende Schema des Komischen oder Tragischen mitgegeben ist. In diesem Erlebnis der Selbsterfahrung wird Komisches und Tragisches unentwirrbar gemischt sein. Es wäre eine Verlegenheitslösung, dafür die Tragikomödie als Gattungsbegriff zu bemühen. Das Gattungsmerkmal des modernen Dramas scheint einzig die dramatische Simulation zu sein, sonst nichts. Es bietet eine Möglichkeit der Selbsterfahrung an, aber es hält weder eine Weltdeutung bereit, noch ordnet es für den Zuschauer dessen Reaktionsablauf nach Schemata, die früher als allgemeinmenschlich empfunden wurden und eine kollektive Identifikation ermöglichten. Das moderne Theater baut Spannungen auf und löst sie wieder, ohne daß darin der vertraute Entwurf von etwas Erhofftem oder Befürchtetem erkennbar wird. Deshalb können wir uns beim Verlassen des Theaters nach einem modernen Stück kaum kathartisch befriedigt, sondern wohl eher nur in unserer Erfahrungsfähigkeit und psychischen Lebendigkeit bestätigt fühlen. Daß auch dies mit Lust verbunden sein kann, wird jeder bestätigen, der schon einmal aus einem Stück kam, das ihn drei Stunden lang irritiert und geradezu geärgert hat und das gesehen zu haben er dennoch nicht bereut.

Jeder Dramatiker, der sein Stück auf einer Bühne aufgeführt sehen will, schöpft aus den Erfahrungen seiner Vorgänger, orientiert sich an den Erwartungen der Zuschauer und berücksichtigt die technischen Möglichkeiten des vorhandenen Theaters. Natürlich kann er mit allen drei Gegebenheiten brechen und etwas vollkommen Neues schaffen, aber auch dann setzt er sich in eine – in diesem Fall negative – Beziehung zu dem, was er vorfindet. So sollte man in der Faktur eines Stückes immer danach Ausschau halten, welche Kunstgriffe es übernimmt, welche es ablehnt, welche es neu erfindet und zu welchem Zweck es sie einsetzt. Einige technische Probleme des Dramas wurden schon in der Antike durch stereotype Kunstgriffe gelöst. Da ist z. B. das Problem, wie man bei vorgegebener Dimensionierung der Bühne den Handlungsraum erweitern kann. Die alten Griechen erfanden hierfür die *Teichoskopie*, die sog. Mauerschau. Ein Schauspieler schaute von einer Mauer in die Ferne und berichtete dem Publikum etwas, was dieses nicht sehen konnte. Ähnliches bewirkt der schon früher einmal erwähnte Botenbericht. Ein anderes Problem ist die Frage, wie man in den unveränderlichen Zeitrahmen der Aufführung mehr Sprechaktion hineinpacken kann, um entweder an bestimmten Stellen das Drama zu verdichten oder um die Handlung zu beschleunigen. Die Griechen verwendeten hierfür die *Stichomythie* (= Zeilenrede), bei der ein Dialog so geführt wird, daß in schnellem Wechsel jeder Sprecher immer nur eine Zeile spricht. Der bekannteste Kunstgriff der Griechen ist die Verwendung des Chors. Durch ihn hatte der Dramatiker die Möglichkeit, das Geschehen aus der Sicht eines unbeteiligten Beobachters zu kommentieren. Der Chor konnte stellvertretend für das Publikum dessen Reaktion auf das Drama auf der Bühne artikulieren. Er konnte aber auch dazu benutzt werden, bei der Zuspitzung des tragischen Konflikts zu warnen, zu werten und zu richten. In dieser Funktion wird er dann gelegentlich als

»idealisierter Zuschauer« bezeichnet. Neben diesen klassischen Kunstgriffen, die sich aus der Aufführungspraxis der alten Griechen ergaben, finden sich aber zahlreiche andere, die auch heute noch zum festen Bestand der Dramaturgie gehören. Die wichtigsten sollen im folgenden kurz aufgeführt werden.

In medias res

Wenn auf der Bühne des uns vertrauten Illusionstheaters der Vorhang aufgeht, steht das Stück am Start wie der Skispringer auf der Schanze; und wie dieser muß es gleich am Anfang so viel Fahrt gewinnen, daß es zu einem runden Flug abheben und an dem Punkt landen kann, an dem der Zuschauer das Gefühl hat, daß die gesamte thematische Spannung der Ausgangssituation restlos aufgebraucht ist. Nur dann wird er die Befriedigung erleben, derentwegen er ins Theater gegangen ist. Um einen schnellen Start zu erreichen, wird ein geschickter Dramatiker die erste Szene so gestalten, daß sie den Zuschauer packt und in das Geschehen hineinzieht. Es wäre unklug, dies mit einem Paukenschlag zu tun, weil es dann schwer wird, die Spannung noch weiter zu steigern. Nur wenn das Erregungsniveau im Zuschauer stetig bis zum Höhepunkt ansteigt, wird das Stück ihn halten können. Deshalb muß die erste Szene Neugier auf das Folgende wecken, ohne diesem vorzugreifen. Wie beim Schachspiel gibt es eine Reihe stereotyper Eröffnungszüge. So kann z. B. das Stück gleich zu Beginn den Helden in einer Situation zeigen, die das weitere Geschehen in Gang setzt. Dies ist aber nur dann wirkungsvoll, wenn die Situation – um es physikalisch auszudrücken – sehr viel potentielle Energie enthält und noch wenig kinetische Energie freisetzt. Shakespeares Richard III., der sich gleich in der ersten Szene als Schurke vorstellt, ist solch eine Verkörperung geballter potentieller Energie. König Lear, der in der ersten Szene sein Reich aufteilt und mit seiner eitlen Torheit die Tragödie ins Rollen bringt, handelt ebenfalls noch ohne kinetische Energie, sondern zieht nur einen Riegel weg, der die potentielle Energie des Bösen freisetzt. Obwohl dies zwei Beispiele dafür sind, daß ein Stück mit dem Auftritt des Haupthelden beginnen kann, ist dies dennoch die Ausnahme. Gewöhnlich zieht der Dramatiker es vor, das Spiel mit Nebenfiguren zu eröffnen. Das hat etwas mit dem nächsten Kunstgriff zu tun.

Auftakt

In der klassischen Tragödie mußte der Held von einer gewissen Ranghöhe sein, um das Interesse des Zuschauers auf sich zu ziehen und für den tragischen Sturz die nötige *Fallhöhe* zu haben. Höhe aber ist relativ. Man kann sie nur wahrnehmen neben etwas Niedrigerem. Deshalb läßt Shakespeare seine tragischen Kolosse – mit den beiden obengenannten Ausnahmen – erst dann auftreten, nachdem er mit dem Fußvolk die Nullinie markiert hat. In *Othello*, einem dramaturgisch besonders wirkungsvollen Stück, wird das Höhenintervall noch dadurch vergrößert, daß zuerst der Schurke Jago auftritt. Durch diesen Beginn auf der Nullinie oder noch darunter wird ein dramatischer Auftakt ermöglicht, der den danach erscheinenden Helden sogleich in seiner vollen Ranghöhe erkennbar macht. Dies wiederum bewirkt ein schlagartiges Ansteigen des Interesses beim Zuschauer. Ein anderes Mittel, mit einem Auftakt die nötige Anfangsspannung zu erzeugen, ist das Neugierigmachen durch etwas Ungewöhnliches oder Geheimnisvolles. Die Hexen in *Macbeth*, die Erscheinung des Geistes in *Hamlet*, der schlafwandelnde Prinz von Homburg oder der plötzlich in das Schlafzimmer einer Dame eindringende Soldat in Shaws *Helden* sind Beispiele eines wirkungsvollen Auftakts. Wesentlich für die Wirkung ist dabei, daß das Ereignis schlagartig die Aufmerksamkeit auf sich zieht, Neugier weckt und die Handlung in Gang setzt.

Vorausdeutung

Beim Lesen einer Erzählung wissen wir in aller Regel, daß das Erzählte zu Beginn der Erzählung schon abgeschlossen ist. Dies Wissen bewirkt, daß wir jedes Element der Erzählung als Teil eines abgeschlossenen Ganzen wahrnehmen können. Dadurch entsteht überhaupt erst der Kunstcharakter des Werkes. Andernfalls wären wir bloß Rezipienten eines kunstlosen Kommunikationsvorgangs. Das gleiche gilt natürlich auch für das Drama. Während aber der Erzähler im Erzählvorgang anwesend bleibt, auch wenn er sich noch so gut dahinter versteckt, läßt sich der Autor im Drama nicht dingfest machen. Dennoch kannte auch er schon am Anfang das Ende und hat infolgedessen alle einzelnen Elemente auf dieses Ende hin zusammengefügt. Um nun dem Publikum den Kunstcharakter des Stückes zu vermitteln, muß er jedem Element eine auf das Ganze gerichtete Tendenz mitgeben. Wie eine Sinfonie ihre Wirkung daraus bezieht, daß wir in der Spannung der Themen deren Auflösung am Ende schon ahnen, so müssen wir auch im Drama das Ganze antizipieren können, wenn eine ästhetische und keine bloß physiologische Lust eintreten soll; denn diese entsteht nicht durch die Überraschung eines unvorhergesehenen Ereignisses, sondern durch das bestimmte Eintreten von etwas unbestimmt Erwartetem. Aus diesem Grunde ist der Text eines Dramas wie eine Landkarte, auf der ständig Wegweiser eingezeichnet sind, die auf den Zielpunkt hinweisen. Solchen vorausdeutenden Signalen muß der Interpret nachspüren, wenn er den Kunstcharakter des Stückes freilegen will.

Abstufungen und Kontraste der Figuren

Um aus dem linearen Verlauf eines Dramas ein breites, in sich differenziertes Band zu machen, müssen die Figuren und ihre Handlungsmotive in einer abgestuften Beziehung zueinander stehen. Die einfachste Beziehung ist die zwischen dem Protagonisten und dem Antagonisten. Aber zur Darstellung eines komplexen moralischen Problems bedienen sich Dramatiker oft des Kunstgriffs, dieses Problem in verschiedenen Abstufungen durch die Figuren verkörpern zu lassen. So wird Goethes Egmont nicht nur als strahlender Held mit seinem Gegenspieler, dem finsteren Alba, kontrastiert, sondern ebenso als ein allzu leichtsinnig auf sein Charisma vertrauender Führer mit seinem pragmatisch taktierenden Bundesgenossen Oranien. Shakespeares überlegene Kunst zeigt sich darin, daß er ganze Skalen solcher Abstufungen entfaltet. In *Hamlet* z. B. wird, wie wir später noch zeigen werden, das Verhältnis von Vernunft und Leidenschaft durch Claudius, Laertes, Fortinbras, Hamlet und Horatio in fünf Abstufungen gezeigt und weiter durch Nebenfiguren ironisch reflektiert. Um die ethischen Konflikte freizulegen, die in einem Drama ausgetragen werden, muß man deshalb zuallererst die Abschattierungen des Problems in den Figuren herausfinden. Danach zeichnet sich meist ein sehr deutliches Wertprofil ab.

Abstufungen des Stils und der Sprache

Wenn ein Stück in einem geschlossenen gesellschaftlichen Raum spielt wie z. B. Goethes *Tasso*, kann der Dichter es auf gleichbleibendem Stilniveau in einer homogenen Dichtersprache verfassen. Werden aber unterschiedliche oder gegensätzliche Gesellschaftsschichten zusammengebracht, muß dieser Unterschied auch sprachlich markiert werden. Wenn also der König in Versen spricht, wird der Dichter das Volk Prosa reden lassen, spricht auch der König Prosa, wird die Sprache des Volkes dialektal eingefärbt sein. Auf beiden Sprachebenen, Vers wie Prosa, läßt sich durch sprachliche Manierismen und Affektiertheiten eine ganze Skala charakterlicher Nuancen ausdrücken. Bei der Analyse eines Dramas wird man deshalb sehr genau hinhören müssen, auf welchem Stilniveau die Sprache einer Figur angelegt ist und welche moralischen Implikationen damit intendiert sind.

Komische Entlastung

Der Spannungsbogen eines Dramas, vor allem der in der Tragödie, wird nur dann als solcher empfunden, wenn er ansteigt. Sobald er anfängt, sich auf gleichbleibender Höhe zu halten, wird der Zuschauer dies als Nachlassen der Spannung empfinden. Dramatiker wie Shakespeare, deren materielle Existenz vom Zuschauerinteresse abhing, wußten dies sehr genau. Deshalb hat Shakespeare da, wo eine hohe Spannung gehalten werden mußte, aber nicht mehr gesteigert werden konnte, wie z. B. in *Macbeth* nach dem Mord an Duncan, ein sog. *comic relief* eingefügt, nämlich die makabre Szene mit dem betrunkenen Türhüter. Nach dieser plötzlichen komischen Entlastung kann die Spannung neu aufgebaut werden, worauf sie vom Zuschauer als weiter steigend empfunden wird.

Dramatische Ironie

Ironie bezeichnet im allgemeinen Sprachgebrauch einen absichtsvollen Widerspruch zwischen Gesagtem und Gemeintem. Im Drama spricht man von Ironie dann, wenn der Zuschauer mehr weiß als die Figuren. Am Anfang eines Stückes ist es zunächst einmal umgekehrt. Die Figuren kennen ihre Situation, während der Zuschauer sie erst noch kennenlernen muß. Sobald aber zwei Figuren getrennt voneinander auftreten, hat der Zuschauer einen Wissensvorsprung, da er etwas sieht, was die andere Figur nicht sieht. Aus dieser Differenz entsteht eine Art objektiver Ironie, die sowohl für komische als auch für tragische Zwecke wirksam gemacht werden kann. Das Musterbeispiel für tragische Ironie ist der *König Ödipus* des Sophokles, wo die griechischen Zuschauer aus der allgemein bekannten Sage alles über die Vorgeschichte wußten, während der Held ahnungslos mit der Aufklärung einer Schuld befaßt ist, die sich schließlich als seine eigene herausstellt. In Shakespeares *Romeo und Julia* entsteht tragische Ironie dadurch, daß Julia sich in einen todesähnlichen Schlaf versetzen läßt, um mit ihrem heimlich angetrauten Romeo wiedervereint zu werden, während dieser sie für tot hält und sich neben der vermeintlichen Leiche ersticht. Der Zuschauer, der die wahren Zusammenhänge kennt, muß hilflos zusehen, wie die Liebenden einem Irrtum zum Opfer fallen, der durch den banalen Umstand einer nicht überbrachten Botschaft ausgelöst wurde. Ein solcher Wissensvorsprung auf der Seite des Zuschauers bringt das Verhängnisvolle eines tragischen Schicksals mit besonderem Nachdruck zur Wirkung. Aber auch in der Komödie lassen sich durch dramatische Ironie wirkungsvolle Effekte erzielen. Wenn z. B. in *Minna von Barnhelm* der Zuschauer weiß, daß der Ring, den Minna ihrem Verlobten Tellheim zurückgibt, nicht der von ihm erhaltene Verlobungsring ist, sondern der, den sie selbst ihm gegeben hatte und den er als Pfand versetzte, dann ist das, was für Tellheim den bitteren Ernst der endgültigen Lösung des Verlöbnisses haben muß, für den Zuschauer das genaue Gegenteil, nämlich die ohne Tellheims Wissen vollzogene Erneuerung und Bekräftigung der Verlobung.

Verwechslungen

Die mit großem Abstand beliebteste und ergiebigste Quelle von Situationskomik ist die Verwechslung zweier Personen. Ihr Wirkungsmechanismus ist der gleiche wie bei der dramatischen Ironie; denn der Zuschauer kennt die wahre Identität der Figur, während sie auf der Bühne mit einer anderen verwechselt wird. Plautus, der selbst wieder von inzwischen verlorengegangenen Vorbildern ausging, schuf mit den *Menaechmi* und dem *Amphitruo* zwei Doppelgänger-

Komödien, deren Stoffe danach immer wieder neu gestaltet wurden, im ersten Fall z. B. von Shakespeare in der *Komödie der Irrungen*, im zweiten Fall von Molière, Dryden, Kleist und so vielen anderen, daß Giraudoux seine Version als *Amphitryon 38* bezeichnete. Weniger überzeugend sind Verwechslungen in der Tragödie, obwohl sie auch dort häufig auftreten. Wenn in einer tragischen Handlung ein Mensch auf Grund einer Verwechslung getötet wird, dann hat dies nur dann erschütternde Wirkung, wenn die Verwechslung durch eine Verkleidung absichtsvoll herbeigeführt wurde, sei es, um das Unheil eben dadurch zu verhindern, sei es, um einen anderen dadurch zu retten. Shakespeare hat auf solche handgreiflichen Sensationen in seinen Tragödien auffallend verzichtet, während seine Zeitgenossen regen Gebrauch davon machten. Verwechslungen und Verkleidungen, die in der Komödie, vor allem in den sog. *Mantel- und Degenstücken* der Spanier, zum Standardrepertoire gehören und dabei immer gut für komische Effekte sind, haben in der Tragödie meistens einen Beigeschmack bloßer Effekthascherei. Dem modernen Publikum sind sie wohl nur noch in der Oper zuzumuten (Beispiel: Verdis *Rigoletto*).

Leitmotive

Der Begriff Leitmotiv stammt ursprünglich aus der Musik und wurde durch Wagners Leitmotivtechnik popularisiert. Man versteht darunter die Ankündigung oder Begleitung einer Figur oder eines thematischen Aspekts durch ein bestimmtes leicht erkennbares Motiv. Thomas Mann, Proust und andere haben diese Technik in die Erzählkunst übernommen. Das Prinzip ist aber viel älter als der Begriff. Die Untersuchungen von Shakespeares Bildersprache haben gezeigt, wie kunstvoll er durch Wiederholung bestimmter Bilder und Metaphern (*iterative imagery*) die innere Entwicklung in den Stücken markiert. In Büchners *Danton* wird das Bild des Grabes gleich in der ersten Szene eingeführt und begleitet den Helden danach auf dem Weg dorthin. In neuerer Zeit, vor allem angeregt durch das Vorbild der Musik, haben manche Dramatiker ausgedehnten, z. T. exzessiven Gebrauch von der Leitmotivtechnik gemacht. Tennessee Williams ist ein prominentes Beispiel dafür. Er setzt sogar Hintergrundmusik als leitmotivisches Signal ein, was manchmal etwas allzu dick aufgetragen wirkt.

Requisiten als Kristallisationskerne

Ein Drama entfaltet sich in aller Regel aus dem Widerstreit zweier gegensätzlicher Positionen. Während die Positionen durch ihre Repräsentanten sichtbar gemacht werden, bleibt der Drehpunkt in der Mitte unsichtbar. Um aber das Kräfteverhältnis zwischen Protagonisten und Antagonisten richtig einschätzen zu können, muß man – bildlich gesprochen – die Länge ihres jeweiligen Hebelarms sehen. Damit dem Zuschauer dies ermöglicht wird, markieren Dramatiker den unsichtbaren Drehpunkt oft durch einen Gegenstand, der dann durch seine exponierte Stellung noch eine zusätzliche symbolische Bedeutung erhalten kann, da in ihm die zentrale Thematik gleichsam kristallisiert. Solche Kristallisationskerne sind z. B. Desdemonas Taschentuch in Shakespeares *Othello*, der zerbrochne Krug bei Kleist oder die Wildente bei Ibsen. In Komödien ist dieser Kunstgriff besonders beliebt, wofür zahlreiche Titel wie Hauptmanns *Biberpelz* oder Scribes *Das Glas Wasser* beredtes Zeugnis ablegen. Während in der Tragödie schon die Agonie eines einzelnen ausreicht, um tragische Wirkung zu erzielen, zieht die Komödie ihre Wirkung fast immer aus dem Antagonismus zweier Figuren, die sich wie Kinder von der Wippe zu stoßen versuchen. Deshalb ist es hier besonders wichtig, den Drehpunkt zu sehen.

Sympathielenkung

Der Begriff ist erst in jüngster Zeit in der Literaturwissenschaft aufgekommen. Aber das Phänomen ist uralt. Da mimetische Dichter, also Erzähler und Dramatiker, menschliche Wirklichkeit abbilden, müssen sie die durch Identifikation hervorgerufenen Reaktionen im Leser bzw. Zuschauer von Anfang an mit einkalkulieren. Während der Erzähler die Möglichkeit hat, etwa durch direkten Kommentar die einzelne Figur positiv oder negativ erscheinen zu lassen, kann der Dramatiker weit weniger stark eingreifen. Aber natürlich steuert auch er das im Verlauf des Stückes sich verändernde Profil der Figuren. So muß z. B. Shakespeare im Falle von Macbeth bestrebt sein, auch nach dessen Mord an Banquo noch einen Rest von Anteilnahme für ihn im Zuschauer aufrechtzuerhalten. Deshalb folgt die Bankettszene mit der Erscheinung des Geistes von Banquo unmittelbar auf die Szene, in der dieser ermordet wird. Der gräßliche Schauder, der Macbeth erfaßt, holt den Mörder wieder auf sein menschliches Maß zurück. Und gleich darauf folgt eine Szene mit den erneut auftretenden Hexen, in der von Hekate, der Oberhexe, ausgesprochen wird, daß Macbeth nun vollends nur noch eine Marionette an den Fäden höherer Mächte ist. Durch diese Umlenkung der Sympathiekurve kann der Zuschauer, der eben noch den Helden als skrupellosen Mörder sah, weiterhin Anteil an seinem schon beschlossenen Untergang nehmen. In *Richard III.* erscheinen die Geister der Ermordeten erst im letzten Akt in der Nacht vor der Entscheidungsschlacht. Jetzt wird Richard, der sich bis dahin als moralisches Monstrum erwiesen hatte, mit menschlichen Gefühlen ausgestattet, die es dem Zuschauer ermöglichen, mit Anteilnahme und nicht nur mit Schadenfreude sein Ende mitzuerleben. Das Nachzeichnen solcher Sympathiekurven ist wichtig, wenn man die moralische Einschätzung einer Figur durch den Autor herausfinden will.

Parallelhandlungen

Ein linear voranschreitendes Drama läßt sich nicht nur durch moralisch abgestufte Figuren zu einem Band verbreitern, sondern mehr noch durch die Einführung einer zweiten Handlung. In der Komödie gehört es zum stereotypen Inventar, daß die komischen Verwicklungen der Liebesbeziehung des vornehmen Heldenpaars von einer parallelen Beziehung auf Dienstbotenebene begleitet wird. Aus dem Kontrast zwischen feinem Benehmen und gepflegter Sprache einerseits und der ungezierten Direktheit der Unterklasse andererseits ergibt sich die Möglichkeit, das Getue der hohen Herrschaften der Lächerlichkeit preiszugeben oder zumindest komisch zu relativieren. Auch in der Tragödie kann die Haupthandlung durch eine Parallelhandlung kritisch kommentiert werden. In *König Lear* verstößt der törichte Lear seine gute Tochter Cordelia und gibt sich in die Hände der bösen Töchter Regan und Goneril. Ganz ähnliches geschieht in der Parallelhandlung mit Gloucester, der auf eine Intrige seines unehelichen Sohns Edmund hereinfällt und seinem guten erstgeborenen Sohn Edgar nach dem Leben trachtet. Doch anders als in der Haupthandlung überlebt Edgar, weil er sich beugt und sich hinter der Maske des gespielten Wahnsinns versteckt, während die ehrliche Cordelia sich nicht verstellen kann und auch zu stolz ist, um der Eitelkeit des Vaters zu schmeicheln. Deshalb muß sie am Ende sterben. Lear, der blind für die ehrliche Liebe Cordelias war, stirbt am Ende aus Gram, während er die gemordete Tochter in den Armen hält. Gloucester, der von seinem unehelichen Sohn getäuscht wurde und dem dieser die Augen hatte ausstechen lassen, stirbt aus Freude, als er erfährt, daß der Narr, der ihn als Blinden führte, sein guter Sohn Edgar ist. Diese Parallelführung nähert sich schon dem nächsten, damit verwandten Kunstgriff.

Symmetrie und Kontrapunkt

Eine zweite Handlung bietet die Möglichkeit, die erste kontrapunktisch zu begleiten und damit kritisch zu kommentieren. Allerdings sind Beispiele für so komplizierten Handlungsbau im Roman weit häufiger als im Drama, in welchem der Mehrsträngigkeit der Handlung enge Grenzen gesetzt sind. Kontrapunktische und symmetrische Strukturen lassen sich aber auch in einsträngigen Handlungen entwickeln. In Kleists *Käthchen von Heilbronn* ist das Käthchen, das sich im Traum in den Grafen Wetter vom Strahl verliebt hat und diesem seitdem unterwürfig wie ein Hund folgt, von einer traumhaften Gloriole umgeben, die anfangs wie Wahnsinn erscheint. Nach Aufklärung der märchenhaften Geschehnisse wächst sie in ihre Gloriole hinein, wird als außereheliche Tochter des Kaisers erkannt und durch die Hochzeit mit dem Grafen öffentlich in den Stand versetzt, in dem sie sich selber, ihrem Traum vertrauend, immer schon sah. Ihr gegenüber steht Kunigunde, die sich selbst die falsche Gloriole einer blendenden Schönheit verschafft hat und die am Ende aus diesem falschen Schein herausfällt, wodurch ihre wahre boshafte und zugleich häßliche Natur offenbar wird. Kleist liebte solche kontrapunktischen, gegenläufigen Entwicklungen und hat sie in vielfältigen Formen immer wieder gestaltet. In Stücken, die auf der Opposition zweier Grundpositionen aufgebaut sind, wie z. B. bei Schiller in *Maria Stuart* und *Wallenstein*, ergibt sich aus der antagonistischen Engführung der beiden Positionen eine ganz natürliche Tendenz zu kontrapunktischer und spiegelbildlich-symmetrischer Bauweise.

Progression und Regression

Neben der symmetrischen Konvergenz einer aufsteigenden positiven und einer absteigenden negativen thematischen Entwicklungs- oder Handlungslinie gibt es noch eine andere

Form der Konvergenz, die dadurch entsteht, daß eine Handlung in der Gegenwart voranschreitet, während eine andere, schon vergangene schrittweise aufgeklärt wird. Wenn die Aufklärung der vergangenen Handlung im Mittelpunkt steht, spricht man von der (bereits erwähnten) Form des *analytischen Dramas*, dessen reinste Ausprägung das Kriminalstück von der Art der *Mausefalle* Agatha Christies ist. Ibsen, der die Form zum Vehikel psychologischer und sozialkritischer Aufklärung machte, hat sie so verwendet, daß sich die Aufdeckung der Vergangenheit als ein zweiter Kausalnexus auf die Gegenwartshandlung zubewegt, in diese eindringt und dadurch deren Krise auslöst. Die Konvergenz von Progression und Regression ist ein dramaturgischer Kunstgriff, der einem Stück durch die Vorgabe eines natürlichen Endpunktes ein hohes Maß an Spannung verleiht, zugleich aber auch eine kausale Determiniertheit, die vor Ibsen oft nur durch die psychologisch schwer nachvollziehbare Mechanik eines schicksalhaften Verhängnisses erreicht werden konnte. Sophokles allerdings hat in *König Ödipus* beides, das Wirken des irrationalen Schicksals und die rationale Aufklärung einer vergangenen Schuld, mit unvergleichlicher Kunst vereint.

Sprache

Der wichtigste Kunstgriff des Dramas ist und bleibt der, durch den es überhaupt erst Dichtung wird: die blutvolle, sinnliche Sprache, die noch die abstraktesten Gedanken nicht als philosophische Ansichten, sondern als durchlebte Erfahrungen vermittelt. Deshalb genügt es bei den wirklichen Dichtern unter den Dramatikern nicht, daß man die denotative, d. h. wörtliche, Bedeutung jedes Satzes versteht, man muß zugleich auf die Konnotationen achten, die einzelne Wörter wie Akkorde begleiten. Shakespeare ist auch auf diesem Felde der unübertroffene Meister. Viele seiner dramatischen Texte, vor allem die großen Monologe, haben eine sprachliche Dichte, wie man sie sonst nur von großer Lyrik gewohnt ist. Um den Reichtum solcher Werke in einer Interpretation voll auszuschöpfen, müßte man sie im Grunde Wort für Wort deuten. Dies dürfte weder dem Schüler noch dem Laien und Liebhaber möglich sein. Es gibt aber einen wenig aufwendigen Weg, sich das in einem Shakespeareschen Monolog zum Ausdruck gebrachte innere Drama geistig anzueignen: ihn auswendig zu lernen. Auch wenn sich dadurch nicht alle Bedeutungen erschließen, wird man doch ein sicheres Gefühl für die innere Bewegung des Gedanken- und Bewußtseinsstroms bekommen, der sich in dem Monolog ausdrückt.

Zwölf Ratschläge zur Interpretation

Wer als Schüler ein literarisches Werk interpretieren muß, macht häufig die Erfahrung, daß sich der Gegenstand mit jedem weiteren Artikel, den man darüber liest, mehr und mehr verflüchtigt, bis man am Ende überhaupt nicht mehr weiß, worum es eigentlich geht. Die von Literaturwissenschaftlern verfaßte Sekundärliteratur pflegt ihre Gegenstände unter dem Mikroskop zu betrachten und dabei so detailliert zu analysieren, daß der Laie nur noch ein labyrinthisches Gewirr von Bedeutungsaspekten erkennt, ohne sagen zu können, welche dieser Bedeutungen im Zentrum des Werkes steht. In manchen Parks gibt es aus Hecken gepflanzte Labyrinthe, in denen man sich auf die gleiche Weise verirren kann. Könnte man sich selber auf die Schultern steigen und über die Hecken hinwegsehen, wäre es ein leichtes, aus dem Labyrinth herauszukommen. Ganz ähnlich ergeht es einem beim Interpretieren. Das Hindernis, das uns am häufigsten den Blick für das Wesentliche versperrt, ist nicht die Komplexität des Gegenstands, sondern unsere zu geringe Distanz zu ihm, was dazu führt, daß wir den Wald vor lauter Bäumen nicht sehen.

1. Ratschlag: *Distanz schaffen*

Man erreicht dies am leichtesten dadurch, daß man das Werk mit einem anderen vergleicht. Unterschiede springen stärker ins Auge als Ähnlichkeiten. Will man z. B. Hebbels *Judith* verstehen, so sollte man sie erst einmal neben Schillers *Jungfrau von Orleans* stellen, da in beiden Stücken eine heroische Frau als Retterin des Vaterlands auftritt und durch ihre rettende Tat selber in eine tragische Krise gerät. Erfährt man dann aus der Sekundärliteratur, daß Hebbel sein Psychodrama ganz bewußt in Konkurrenz zu Schillers »romantischer Tragödie« (so dessen eigene Bezeichnung) geschrieben hat, wird man dies als Bestätigung ansehen dürfen, daß man auf der richtigen Spur ist.

2. Ratschlag: *Kommentare und Lesehilfen nutzen*

Man sollte zwar vermeiden, sich einem Stück mit der Brille einer vorher gelesenen Interpretation zu nähern, doch empfiehlt es sich immer, Texterläuterungen, Worterklärungen und Kommentare zu schwer verständlichen Stellen zu nutzen. Zu fast allen bedeutenden Dramen der Weltliteratur gibt es solche kommentierten Ausgaben (s. Literaturempfehlungen).

3. Ratschlag: *Das Werk als Artefakt sehen*

Seit der Romantik wuchsen ganze Generationen mit der Vorstellung auf, daß Dichtung etwas Naturwüchsiges sei, das man ebenso ehrfürchtig bestaunen müsse wie die Schöpfungen Gottes. Dichtung ist aber ein höchst artifizielles Produkt menschlicher Kunstfertigkeit. Es reicht nicht aus, sie durch bloßes Einfühlen und Sichhineinversenken verstehen zu wollen. Gewiß entspringt große Dichtung zuallererst einer genialen Intuition. Doch darauf folgt ein planvoller

Schaffensprozeß, der auch dann noch genaueste Kalkulation verrät, wenn der Dichter selbst sich dessen gar nicht bewußt war. Deshalb tut man dem Dichter mehr Ehre an, wenn man ihm auf die Finger schaut, als wenn man in seinem Werk ein emotionales Bad nimmt. Auch wird man aus dem Erkennen des Planvollen mehr geistige Befriedigung ziehen können als aus unkritischer Identifikation mit der poetischen Fiktion.

4. Ratschlag: *Das Werk beim Wort nehmen*

Damit sollte man beim Titel anfangen. Ein erfolgreicher Film der jüngsten Zeit hieß *Der Club der toten Dichter*, auf englisch *Dead Poets Society*. Der englische Titel kann das bedeuten, was der deutsche sagt, er kann aber auch heißen: eine Gesellschaft, in der die Dichter tot sind. Diese Doppeldeutigkeit, die das eigentliche Thema des Films ist, ging in der deutschen Übersetzung des Titels verloren. Im Drama sind solche absichtsvoll gewählten Titel erst in diesem Jahrhundert in Mode gekommen. Die absichtsvolle Namengebung bei den dramatischen Personen ist dagegen eine uralte Tradition. Deshalb sollte man sich beim Lesen des Personenverzeichnisses jeden Namen auf eine möglicherweise intendierte Bedeutung hin ansehen. Wenn in Kleists *Zerbrochnem Krug* die beiden Hauptfiguren Adam und Eve heißen, wird man es nicht mehr für Zufall halten, daß der wie ein rettender Gott auftretende und seines Amtes waltende Gerichtsrat Walter heißt. Und danach wird man fortfahren, darüber nachzudenken, weshalb der Schreiber des Dorfrichters, der die entscheidenden Impulse gibt, die Licht in den zu verhandelnden »Sündenfall« bringen, ausgerechnet Licht heißt. Vor allem in Komödien enthalten die Namen oft wesentliche Aussagen über das Wertprofil des Stückes. Wenn z. B. in der bitterbösen Sittenkomödie *The Country-Wife* (1675) des englischen Dramatikers Wycherley ein Mann, der anderen Ehemännern Hörner aufsetzt, Horner heißt und die meisten der übrigen Figuren ebenfalls sprechende Namen haben, dann weiß man spätestens beim Namen Mrs. Alitheas, daß sie die moralische Norm repräsentiert, vorausgesetzt, man kennt die griechische Bedeutung des Namens: Wahrheit. Mit der gleichen Sorgfalt sollte man auch im weiteren Text eines Stückes alles, was nur die geringste Mehrdeutigkeit zuläßt, auf jede mögliche Wortbedeutung hin untersuchen.

5. Ratschlag: *Das Drama als Prozeß sehen*

In einem Sachbuch enthält jeder Satz in der Regel eine Tatsachenbehauptung, die unabhängig von der Position des Satzes gilt. Im Drama aber ist jeder Satz eine Sprechhandlung, deren Bedeutung und Intention nur aus dem Kontext zu verstehen ist. Wenn eine Figur etwas sagt, sollte man dies grundsätzlich nicht als Meinung des Dichters verstehen, aber auch nicht als dauerhafte Überzeugung der Figur selber, sondern zunächst nur als ihren Bewußtseinszustand in dem Augenblick, da sie die Aussage macht. Hilfreich für die Interpretation ist es, wenn man beim Lesen alle Textstellen, die besonderes Gewicht zu haben scheinen, markiert. Da das Innere einer dramatischen Figur nur durch das, was sie sagt, nach außen gelangen kann, erhält sie erst durch die Wiederholung bestimmter Gedanken, Gefühle oder Ansichten eine bestimmte Konstanz. So ist es außerordentlich wichtig, die Ereignisse immer im Zeitgefüge des Dramas zu sehen. Bei Hebbels Judith ist es z. B. von entscheidender Bedeutung, daß zuerst ihr Interesse an Holofernes geweckt wird und sie erst danach den Entschluß faßt, in sein Lager zu gehen, um ihr Volk von ihm zu befreien. Dadurch wird klar, daß sie primär als Frau und nicht als politische Heldin ihres Volkes handelt.

6. Ratschlag: *Das Drama als Spielvorlage lesen*

Auch wenn einige bedeutende Werke der Weltliteratur bewußt als Lesedramen konzipiert wurden, ist die Mehrzahl aller Dramen für die Aufführung bestimmt. Das bedeutet, daß man, bevor man einem Sachverhalt interpretatorische Bedeutung beimißt, immer zuerst fragen sollte, welche bühnentechnische Funktion er hat. Wenn Hamlet im vierten Akt nach England geschickt wird, so hat das keine inhaltliche, sondern eine dramaturgische Funktion. Erstens wurde durch dieses Retardieren der Handlung die Spannung des Publikums auf die Katastrophe hin erhöht, und zweitens bekam der Hauptdarsteller, der drei Akte hindurch mit langen, kräfteraubenden Monologen auf der Bühne präsent war, eine Erholungspause für das tragische Finale.

7. Ratschlag: *Nach der »heißesten Stelle« suchen*

Jedes Drama funktioniert nach dem Prinzip des Aufbauens und Lösens einer Spannung. Dabei pflegt es in aller Regel um die krisenhafte Zuspitzung eines Problems zu gehen, das entweder in komischer oder tragischer Weise gelöst wird. Wie der Held oder die Heldin sich zu dem Problem verhalten wird, deutet sich meist schon lange vorher an, indem er oder sie bestimmte Haltungen oder Grundüberzeugungen mit besonderem Nachdruck ausspricht. Manche solcher Aussagen wird der Leser oder Zuschauer als besonders »heiße« Stellen empfinden. In Goethes *Egmont* ist so eine Stelle der Satz, den Egmont zu seinem Sekretär sagt:

> Wie von unsichtbaren Geistern gepeitscht, gehen die Sonnenpferde der Zeit mit unsers Schicksals leichtem Wagen durch; und uns bleibt nichts, als mutig gefaßt die Zügel festzuhalten und bald rechts, bald links, vom Steine hier, vom Sturze da, die Räder wegzulenken. Wohin es geht, wer weiß es? Erinnert er sich doch kaum, woher er kam.
>
> (2. Aufzug, Egmonts Wohnung)

Dieser Satz dürfte von vielen Lesern als der emphatischste des ganzen Stückes empfunden werden. Und wenn man dann erfährt, daß Goethe mit ihm in *Dichtung und Wahrheit* die Darstellung seiner Jugend beschließt und daß sich darin seine Vorstellung vom Dämonischen ausdrückt, die ihn sein Leben lang begleitete, so wird man als Leser die Befriedigung verspüren, den richtigen Einstieg gefunden zu haben. Die heiße Stelle kann aber auch die Reibungsfläche zwischen zwei antagonistischen Positionen sein, die durch zwei gegensätzliche Figuren oder durch eine thematische Antinomie repräsentiert wird. In *Tasso* merkt der Leser schnell, daß die heiße Zone zwischen Tasso und Antonio liegt; denn die Reibung zwischen diesen beiden steigert sich im Laufe des Stücks bis zum Zündpunkt. In Shaws *Heiliger Johanna* gibt es keine persönlichen Antagonismen, dafür aber den Zusammenprall des alten, katholisch-feudalistischen Mittelalters mit der protestantisch-nationalstaatlichen Neuzeit (und das ein Jahrhundert vor Luther!). Shaw liefert diese Interpretation gleich mit in einem Vorwort, das ebenso lang ist wie das Stück selbst. In Harold Pinters Stücken baut sich die Spannung zwischen den Personen erst ganz allmählich auf, ohne daß sich gegensätzliche Positionen ausmachen lassen. Aber gerade dieser durch keinerlei Wertpositionen begründete reine Machtkampf, den Pinter in immer neuen Variationen darstellt, ist das gleichsam metaphysische Zentrum seiner Stücke.

8. Ratschlag: *Die Gattungsintention feststellen*

In literaturwissenschaftlichen Handbüchern wird man über zwanzig Untergattungen des Dramas finden, von denen die meisten aber bloße Ordnungsbegriffe sind, denen kein eigener Gattungscharakter zukommt. Begriffe wie *Ideendrama*, *bürgerliches Trauerspiel* oder *Volksstück* bezeichnen nur die Zugehörigkeit eines Stücks zu einer Gruppe gleichartiger Stücke. Eine eigene, gattungsspezifische Intention weisen nur die Komödie und die Tragödie auf. Deshalb ist es wichtig, von Anfang an zu erkennen, welche Intention vorliegt. Da beide Gattungen in den unterschiedlichsten Mischformen auftreten können, fällt dies oft nicht leicht. So wird z. B. der Holofernes in Hebbels schon erwähnter *Judith* dem modernen Leser möglicherweise wie eine Parodie auf einen tragischen Helden erscheinen. Und in der Tat wurde das Stück kurz nach seiner Wiener Premiere von Nestroy virtuos parodiert. Moderne Regisseure werden die Figur kaum ohne ironische Brechung auf die Bühne stellen, da sie als ernsthafter Charakter dem heutigen Publikum nur schwer zuzumuten ist. Dennoch muß man sie vollkommen ernst nehmen, will man das Stück im Sinne Hebbels verstehen. Im zeitgenössischen Drama begegnen wir oft einer ironischen, manchmal sogar makabren Doppelbödigkeit, die es schwer macht, die Gattungsintention zu definieren. Im *Marat* von Peter Weiss wird man Mühe haben, die Position des Autors auszumachen. Aber gerade das muß uns eine Warnung sein, die im Stück geäußerten Ansichten für bare Münze zu nehmen.

9. Ratschlag: *Die Grundstruktur des Stückes freilegen*

Bevor man darangeht, in die Mikrostruktur eines Stückes, in seine Textur, einzudringen, sollte man erst einmal versuchen, seine Grundstruktur zu bestimmen. Dabei wird man feststellen, daß es nur eine verhältnismäßig geringe Zahl solcher Grundmuster gibt. Am häufigsten wird man die dualistische Struktur einer Opposition von Protagonisten und Antagonisten finden. Alle Dramen Schillers sind nach diesem Grundschema aufgebaut. Wenn die Gegenspieler nicht nur Gegner, sondern komplementäre Charaktere sind, könnte man von einer polaren Struktur sprechen. Polarität ist die Grundfigur des Goetheschen Denkens, die er noch um den Begriff der Steigerung erweiterte. Polare Gegensätze treiben sich selber, nach Goethes Überzeugung, zu immer weiter sich steigernden Ausformungen ihres Wesens. Da ihn die Idee von Polarität und Steigerung sein ganzes Leben hindurch begleitete und im Zentrum seiner naturwissenschaftlichen Überlegungen stand, wundert es nicht, daß auch in seinen Dramen polare und nicht nur gegnerische Beziehungen vorherrschen. Tasso und Antonio, Faust und Mephisto, Prometheus und Epimetheus in *Pandora* sind nicht Gegner, sondern Gegenpole, die sich notwendig ergänzen. Neben solchen dichotomischen, sei es dualistischen, sei es polaren Strukturen finden sich aber auch triadische, bei denen neben den Extremen noch die positive Norm der goldenen Mitte vertreten ist. Bei Shakespeare ist in den Tragödien neben den tragisch schuldig werdenden Helden und den echten moralischen Schurken noch das gesunde Mittelmaß anzutreffen, das am Ende überlebt. Wenn Hamlet, der Held, und Claudius, der Verbrecher, tot am Boden liegen, übernimmt Fortinbras die Macht, ein nicht sonderlich bewundernswerter, aber auch nicht unmoralischer, sondern nur tatkräftiger, pragmatischer und mit einem gesunden Egoismus ausgestatteter junger Mann. Da es in Shakespeares Tragödien immer wieder um den Gegensatz von Vernunft und Leidenschaft geht, an dem die tragischen Helden scheitern, ist für das immanente Normensystem der Stücke auch die Darstellung einer Position wichtig, in der der Gegensatz auf eine pragmatische Weise vermittelt wird.

Neben diesen besonders häufigen Grundstrukturen lassen sich noch andere beobachten. In Komödien findet man oft die Parallelisierung zweier gleichartiger Beziehungen auf unterschiedlichen sozialen Ebenen. Was in *Minna von Barnhelm* zwischen Minna und Tellheim recht ernsthaft ausgetragen wird, wiederholt sich mit wesentlich leichterer Komik zwischen ihrer Zofe Franziska und deren Verehrer Werner. Nestroy schrieb ein Stück *Zu ebener Erde und erster Stock*, in dem auf einer horizontal geteilten Bühne teils simultan, teils sukzessiv zwei Handlungen in zwei sozial unterschied-

lichen Schichten parallelgeführt und schließlich ineinander verwoben werden.
Es hat wenig Sinn, einen vollständigen Katalog aller möglichen Grundstrukturen aufzustellen. Man sollte sich aber – wie bereits gesagt – beim Interpretieren eines Stückes möglichst schon am Anfang ein Bild, wenn möglich sogar eine graphische Skizze von der dem Stück zugrundeliegenden allgemeinsten Struktur machen. Dabei sollte man sein Augenmerk auf drei Strukturebenen richten: die Handlungsstruktur, die Konfiguration der durch die Personen repräsentierten Positionen und die thematische Struktur. Letztere entsteht aus der sukzessiven Entfaltung und Lösung des zentralen Problems. In unserer Interpretation von *Penthesilea* werden wir zeigen, wie Kleist in den Gestalten Achills und Penthesileas das Problem von Besitz und Hingabe in der Liebe mit unerbittlicher Konsequenz entfaltet, ohne es ein einziges Mal explizit zu thematisieren.

10. Ratschlag: *Das Stück an seinen historischen Ort stellen*

Der Theaterbesucher wird dazu neigen, das aufgeführte Stück vor dem Hintergrund seiner eigenen Gegenwart zu betrachten, zumal Regisseure in aller Regel bemüht sind, solche Aktualisierungen schon in der Inszenierung zu verwirklichen. Für das Erleben eines Stückes mag dies hilfreich sein, für das Verstehen aber ist es eher hinderlich. Eine Interpretation muß bestrebt sein, das Stück so zu verstehen, wie es vom Autor geschrieben wurde. Das setzt voraus, daß man den zeitlichen Kontext kennt, aus dem heraus es entstanden ist. Entscheidend ist dabei die Kenntnis des Normensystems, das dem Stück zugrunde liegt. Als Goethe und die Romantiker Shakespeares *Hamlet* lasen, interpretierten sie ihr eigenes intellektuelles Dilemma in ihn hinein und sahen ihn infolgedessen als einen empfindsamen Denker, der durch sein Denken ständig im Handeln blockiert wird.

Dabei ist Hamlet, wie jeder unvoreingenommene Leser eigentlich sofort merken müßte, ein außerordentlich tatkräftiger Mann, der wie ein geschickter Regisseur alle Fäden in der Hand behält und erst am Schluß diese überlegene Position verliert, als er einer aufwallenden Leidenschaft nachgibt. Nicht Denken und Handeln war für die Elisabethaner der problematische Gegensatz, sondern Vernunft und Leidenschaft. Vor dem Hintergrund dieses Normensystems muß man das Stück interpretieren.

11. Ratschlag: *Eine Wertung versuchen*

Am Schluß einer Interpretation soll keine beckmesserische Zensur stehen, aber es sollten Argumente für eine ästhetische Wertung erwogen werden. Wenn ein Stück auf seine Weise formal vollkommen und inhaltlich bedeutend erscheint und dennoch beim Publikum nicht ankommt, muß dies nicht an dessen Borniertheit liegen. Man sollte zuerst einmal nach einem möglichen Mangel im Stück selbst suchen. Die gesamte erhaltene Literatur verdankt ihr Überleben der Tatsache, daß sie durch einen Prozeß immer neuer Wertungen hindurchgegangen ist. Erst durch das Läuterungsbad solcher Wertungen tritt die private Äußerung eines Dichters überhaupt ins Licht der Öffentlichkeit und wird Teil der Kultur. Wer sich an diesem Geburtshilfeakt beteiligt, hat aktiv teil an der Kultur. Anderenfalls bleibt man ein passiver Konsument.

12. Ratschlag: *Kürze*

Interpretation ist ein didaktischer Prozeß der Vermittlung zwischen Werk und Leser. Wissenschaftler, die ein literarisches Werk analysieren, mögen dies mit Gewinn für die Fachkollegen in mehrbändigen Werken tun. Eine Interpretation aber verfehlt ihren Zweck, wenn sie durch zu große

Länge den Leser langweilt oder wenn sie womöglich das Werk mit einem undurchdringlichen Drahtverhau von Wissenschaft umgibt, der den Leser aussperrt, statt ihm den Zugang zu öffnen. Deshalb gilt für jede Interpretation, die man nicht für sich selbst, sondern für andere anfertigt, zuallererst, daß sie so kurz wie möglich und nicht länger als nötig sein soll.

Im folgenden praktischen Teil dieses Buches werden wir eine Reihe von Dramen unter den obengenannten Gesichtspunkten betrachten. Es sollen keine Modellinterpretationen sein. Vielmehr soll in jedem einzelnen Fall nur das Labyrinth von oben gezeigt werden, damit der Leser weiß, worauf das Stück hinauswill. Sobald er diesen Blick für das Stück als Ganzes gewonnen hat, wird er auch ohne weitere Hilfestellung darangehen können, Einzelfragen nach dem Handlungsaufbau, der Charakterzeichnung, dem Sprachstil, der formalen Tradition usw. zu stellen. Würde er mit solchen Fragen beginnen, wäre er schnell in Gefahr, sich in einem Wust von unüberschaubaren Details zu verlieren. Erst wenn man eine Vorstellung davon hat, worum es in einem Stück eigentlich geht, erhalten die Einzelfragen eine Zielrichtung und tragen dann dazu bei, das Stück im Ganzen zu verstehen. Alles Wissen über das Stück nützt nichts, wenn es sich nicht zu diesem Verstehen des Ganzen zusammenschließt.

Praktischer Teil

Sophokles: Antigone *(um 440 v. Chr.)* *Urform der Konflikttragödie*

> Von allem Herrlichen der alten und modernen Welt – ich kenne so ziemlich alles, und man soll es und kann es kennen – erscheint mir nach dieser Seite die *Antigone* als das vortrefflichste, befriedigendste Kunstwerk.
>
> (G. W. F. Hegel: Ästhetik, Bd. 2, C,III,3,c)

Was war die Seite, nach der dem großen Philosophen die *Antigone* so vortrefflich erschien? Wer auch nur die Grundzüge seiner Philosophie kennt, wird leicht erraten können, daß dieses Stück seine Lieblingstragödie sein mußte. In keine andere läßt sich so leicht das Denkschema seiner Philosophie hineininterpretieren wie in diese. Grob vereinfacht läßt sich das Schema ungefähr so beschreiben: Am Anfang existierte der Weltgeist in der reinen Innerlichkeit seines An-sich-Seins. Aus innerer Notwendigkeit entäußerte er sich in sein Anders-Sein und existierte nun partikular und individualisiert Für-sich. Der Widerspruch aller partikularen Interessen treibt den dialektischen Entfaltungsprozeß der Weltgeschichte voran und führt am Ende den Weltgeist zu einem vollständigen Bewußtsein seiner selbst, nachdem alle Widersprüche in einem dreifachen Sinne aufgehoben sind: emporgehoben, aufgelöst und aufbewahrt. Diesen Endzustand beschreibt Hegel als das An-und-für-sich-Sein des Geistes. Innerhalb dieses Schemas befindet sich der Mensch auf der mittleren Ebene, da wo der Geist bzw. die Sittlichkeit, was bei Hegel gleichbedeutend ist, mit sich selbst im Streite liegt. In *Antigone* scheint nun der Modellfall eines solchen Streites vorzuliegen. Zwei Positionen stehen einander gegenüber. Kreon, der starke, autoritäre Führer des Staates, vertritt die Interessen des Gemeinwesens. Als der gegen die eigene Vaterstadt kämpfende Bruder Antigones vor den Toren der Stadt fällt, verbietet Kreon bei Todesstrafe seine Bestattung. Antigone als Schwester vertritt die Gegenposition und fühlt sich an das weit ältere Gesetz der Sippe gebunden, das den Familienangehörigen zur Pflicht macht, die eigenen Toten würdig zu bestatten, vor allem dann, wenn es sich um Geschwister handelt. Antigones Selbstrechtfertigung ist für den heutigen Leser schwer nachzuvollziehen:

> Denn nie hätt' ich für eigne Kinder, eignen Mann,
> Die mir der Tod geraubt, als Mutter oder Frau
> Dem Staat zum Trotz mir diese Mühe auferlegt.
> Fragt man, auf welches Recht ich mich berufen kann?
> Wenn mir ein Gatte stürbe, wär' ein andrer da,
> So auch ein Kind, verlör' ich eins, vom andren Mann.
> Wenn aber erst die Erde beide Eltern deckt,
> Erwächst ein neuer Bruder nun und nimmermehr.
>
> (V. 905–912; Übers. von Schottlaender)

Hegel beschreibt das zentrale Problem der Tragödie als einen Konflikt zweier unvereinbarer, aber dennoch gleichberechtigter sittlicher Forderungen, die sich aus *einem* Prinzip von Sittlichkeit ergeben, aber unter den Bedingungen des konkreten Daseins miteinander in Widerspruch geraten:

> Die vollständigste Art dieser Entwicklung ist dann möglich, wenn die streitenden Individuen, ihrem konkreten Dasein nach, an sich selbst jedes als Totalität auftreten, so daß sie an sich selber in der Gewalt dessen stehen, wogegen sie ankämpfen, und daher das verletzen, was sie ihrer eigenen Existenz gemäß ehren sollten. So lebt z. B. Antigone in der Staatsgewalt Kreons; sie selbst ist Königstochter und Braut des Hämon, so daß sie dem Gebot des Fürsten Gehorsam zollen sollte. Doch auch Kreon, der seinerseits Vater und Gatte ist, müßte die Heiligkeit des Bluts respektieren und nicht das befehlen, was dieser Pietät zuwiderläuft. So ist beiden an ihnen selbst das immanent, wogegen sie sich wechselweise erheben, und

sie werden an dem selber ergriffen und gebrochen, was zum Kreise ihres eigenen Daseins gehört. Antigone erleidet den Tod, ehe sie sich des bräutlichen Reigens erfreut, aber auch Kreon wird an seinem Sohne und seiner Gattin gestraft, die sich den Tod geben, der eine um Antigones, der andere um Hämons Tod.

(Hegel: Ästhetik, a. a. O.)

Wer das Stück aufmerksam liest, braucht kein Altphilologe zu sein, um mit großer Gewißheit sagen zu können, daß Hegel das Stück falsch gedeutet hat. Es ist keineswegs so, daß Antigone als Vertreterin des alten Familienrechts und Kreon als Vertreter der Staatsräson zwei gleichberechtigte, aber sich wechselseitig ausschließende sittliche Forderungen verkörpern. Sophokles läßt keinen Zweifel daran, daß Kreon im Unrecht ist. Zwar läßt er ihn durch den Mund des blinden Sehers Teiresias als einen Herrscher bezeichnen, der »den Staat auf gradem Kurs« hielt. Aber der gleiche Seher verkündet dem Tyrannen auch, daß er moralisch gefehlt hat; denn als er bei Todesstrafe verbot, den Leichnam des Polyneikes zu bestatten, wozu Antigone als dessen Schwester durch das von den Göttern hergeleitete Familiengesetz verpflichtet war, verletzte er das höchste aller Güter, die »Wohlberatenheit« (griech. *eubouḷia*).

Teiresias: O weh!
Wo ist denn wohl der Mensch, der weiß und der versteht ...
Kreon: Was meinst du? Warum brauchst du diese Redensart?
Teiresias: Daß Wohlberatenheit der Güter höchstes ist.
Kreon: Ja, groß wie der Übel größtes – Unvernunft.
Teiresias: Und eben dieses Leiden ist's, das *dich* befiel.

(V. 1047–52; Übers. von Schottlaender)

Kreon wird ein Opfer der beiden schlimmsten Gefährdungen, die nach Meinung der Griechen den Menschen befallen können und die allen ihren Tragödien zugrunde liegen: *hybris*, die menschliche Anmaßung und Überheblichkeit, und *ąte*, die Verblendung. Diesen beiden größten Versuchungen stehen als positive Richtpunkte die als Göttinnen verehrten sittlichen Werte der *Mętis* (= Weisheit und guter Rat), *Thęmis* (= Sitte und Ordnung) und *Dịke* (= Ausgleich und Gerechtigkeit) gegenüber. Gegen alle drei hat Kreon verstoßen, indem er unbesonnen gegen die überlieferte Sitte handelte und durch übermäßige Härte die ausgleichende Gerechtigkeit in Unrecht verkehrte.

Aber auch Antigone ist nicht ohne Schuld. Vergebens mahnt ihre sanftere Schwester Ismene sie zur Besonnenheit.

Ismene: Von vornherein jagt man Unmöglichem nicht nach!
Antigone: Für dieses Wort erwarte Haß, gerechten Haß
Von mir und ihm, bei dem du ruhen wirst im Tod!
Laß endlich mich und meine »Unbesonnenheit«
Das leiden, was du »schrecklich« nennst! Viel leiden schreckt
Mich nicht so sehr wie sterben in Entwürdigung.
Ismene: Hast du's beschlossen, geh! Und wisse: Wahnsinn geht
Mit dir, doch rechte Liebe zu den Lieben auch!
(V. 92–99)

Die trotzige Härte, mit der Antigone das ganze Stück hindurch ihrer Schwester gegenübertritt und mit der sie diese auch dann noch zurückstößt, als Ismene mit ihr in den Tod gehen will, ist ihre tragische *hamartịa*, ihr Fehlverhalten, das als moralischer Widerspruch in ihrem Handeln zum Ausdruck kommt. Kreon gegenüber sagt sie den berühmten Satz:

Mitfeindin war ich nie, Mitliebende seit je.
(Bekannter in der freieren Übersetzung:
Nicht mitzuhassen, mitzulieben bin ich da.)
(V. 523)

Und doch schleudert sie ihrer wahrhaft liebenden Schwester voll trotziger Anmaßung ihren Haß ins Gesicht. Auch sie verstößt gegen das ethische Gebot der Wohlberatenheit und der weisen Mäßigung. Der Chor, der die Handlung kommentierend begleitet und dabei die Richtmarke der Besonnenheit aufrechterhält, spricht auch ihre Schroffheit aus:

> Wie spricht sie schroff! man merkt des schroffen Vaters Art
> Am Kind: droht Schlimmes, weicht sie nicht, sie kann es nicht.
>
> (V. 471–472)

Die Unfähigkeit, zu weichen und sich unterm Sturm zu ducken, wird vom Chor immer wieder warnend als Gefahr beschrieben. Haimon, der Sohn Kreons, spricht die gleiche Warnung seinem Vater gegenüber aus:

> Ein Mann sei noch so weise – lernt er viel hinzu,
> Versteift sich nicht, so ist das keine Schand für ihn.
> Du siehst am Bergstrom, den Gewitter schwellen läßt,
> Den Baum, der nachgibt – schau, er rettet sein Gezweig!
> Der starr sich stemmt, den reißt's entwurzelt fort ins Nichts.
>
> (V. 710–714)

Diese Warnung durchzieht in wechselnden Bildern die ganze Tragödie, meist vom Chor vorgetragen, aber auch von Haimon und Ismene. Und die Adressaten sind Kreon und Antigone gleichermaßen. Beide gehen an ihrer Hybris zu Grunde, auch wenn Sophokles das Gewicht der Schuld so verteilt hat, daß Kreon eindeutig verurteilt wird, während Antigones Unbeugsamkeit nur als tragische Hamartia erscheint, als eine letzte Auswirkung des Fluchs, der auf dem Hause Kadmos lastet und den Antigone von ihrem Vater Ödipus ererbt hat. Dennoch kann kein Zweifel daran bestehen, daß sie nicht die schuldlose Märtyrerin ist, die ihr Leben für eine gerechte Sache opfert. Auch sie zieht ihr Unglück durch ihre Halsstarrigkeit selber herbei. Aber diese trotzige Unbeugsamkeit ist zugleich das, was ihr die Statur einer tragischen Heldin gibt.

Der Agon, das Sich-Aufbäumen im Leiden, ist der Grundgestus der antiken Tragödie. Auch wenn die Griechen in ihrer Ethik die weise und wohlberatene Mäßigung als Leitstern anerkannten, haben sie doch nichts so sehr bewundert wie die Kraft und die verwegene Kühnheit eines Menschen, der sich um seiner Selbstachtung willen mit kompromißloser Härte gegen einen unüberwindlichen Widerstand aufbäumt und sich in maßloser Hybris auf eine zwar schuldhafte, aber dennoch bewundernswerte Weise den Göttern gleichstellt, und sei es nur dadurch, daß er sie zwingt, ihn zu vernichten.

Sophokles: König Ödipus *(um 434 v. Chr.)*
Urform der Schicksalstragödie

Als reinste und zugleich radikalste Form von Tragik gilt allgemein eine Situation, bei der ein Mensch schuldlos schuldig wird. Dies ist auf zweierlei Weise möglich: entweder in Form einer Konfliktsituation, in der er zwei gleichrangige sittliche Pflichten zu erfüllen hat, von denen jede einzelne eine Verletzung der anderen zur Folge hat, oder als ein von außen verhängtes Schicksal, vor dem es kein Entrinnen gibt. So wie *Antigone* gewöhnlich als das Grundmodell aller Konflikttragödien angesehen wird, so *König Ödipus* als das aller Schicksalstragödien. Hegel, der die Weltgeschichte als dialektische Ausfaltung der im Begriff schon angelegten Spannung von Satz und Gegensatz ansah, mußte deshalb die *Antigone* zu seiner Lieblingsdichtung erklären. Sein einstiger Freund und späterer Rivale Schelling, für den die Grundspannung der Welt die zwischen Freiheit und Notwendigkeit war, konnte keinen großartigeren dichterischen Ausdruck dafür finden als den *König Ödipus* aus der Feder des gleichen Dichters, und so erklärte er dieses Stück zum Muster aller Tragödien.
Die nicht mehr zu überbietende Unerbittlichkeit des Schicksals kommt bereits in der dramaturgischen Grundform des

Stückes zum Ausdruck; denn alle schuldhaften Handlungen, die Ödipus durch das Schicksal vorbestimmt waren, hat er, ohne es zu wissen, bereits vor Beginn des Dramas begangen, so daß die gesamte nachfolgende Handlung in nichts anderem besteht als in der schrittweisen Aufdeckung jener zurückliegenden Taten. Laios, dem König von Theben, war einst prophezeit worden, daß er sein Leben durch die Hand seines eigenen Sohnes verlieren würde. Darauf befahl man einem Hirten, den Knaben zu töten. Dieser aber übergab ihn einem anderen Hirten, der ihn nach Korinth brachte, wo er an Sohnes Statt beim König Polybos aufwuchs. Als das Orakel Ödipus weissagte, er werde seinen Vater töten und die Mutter ehelichen, floh er aus Korinth, da er das Königspaar für seine Eltern hielt. Auf der Flucht erschlug er an einem Dreiweg in Notwehr den Laios, ohne zu wissen, daß dieser sein wirklicher Vater war. Als er nach Theben kam, konnte er dank seines Scharfsinns die Rätsel der Sphinx lösen und damit die Stadt aus deren Gewalt befreien, worauf er der neue König wurde und Iokaste, die Witwe des Königs, heiratete, ohne zu wissen, daß sie seine wirkliche Mutter war. So haben sich beide Weissagungen, die des Laios und die des Ödipus, gerade dadurch erfüllt, daß jeder von beiden die Erfüllung um jeden Preis verhindern wollte. Erst an diesem Punkt setzt die Handlung der Tragödie ein. In Theben wütet die Pest, und Ödipus' vom Delphischen Orakel zurückkehrender Schwager Kreon verkündet den Göttersprisch, daß die Seuche nicht eher aufhören werde, als bis der Mord an Laios gerächt ist. Darauf verspricht Ödipus, daß er so wie damals, als er die Stadt von der Sphinx erlöste, auch jetzt mit seinem berühmten Scharfsinn das Rätsel aufklären werde. Wie ein Detektiv in einem Kriminalstück nimmt er die Spur auf, sammelt und wägt die Indizien, vernimmt Zeugen und beginnt allmählich zu ahnen, was ihn zuletzt als grausige Gewißheit überfällt, daß er selber der Täter ist, der ahnungslos und ohne jegliche eigene Schuld zum Urheber des ganzen Unglücks wurde.

Da alles bereits von den beiden Orakelsprüchen vorausgesagt wurde, scheint es weder für ihn noch für Laios irgendeine Möglichkeit der Flucht vor ihrem Schicksal gegeben zu haben. Im Gegenteil, gerade durch ihre Fluchtversuche ziehen sie die Erfüllung des Schicksalsspruchs herbei. Eben dies aber weicht die Härte des unausweichlich Determinierten wieder auf. Orakelsprüche wurden von den Griechen in aller Regel nicht als eindeutige Vorhersagen empfunden, sondern als göttliche Mahnungen, die der Deutung bedurften und die bei entsprechenden Sühnehandlungen erneut gedeutet und ins Positive gewendet werden konnten. Aus heutiger Sicht würden wir dazu neigen, die unkritische Hinnahme des Orakels als eine versäumte Leistung rationaler Aufklärung und damit als eine tragische Schuld zu empfinden. Den Griechen muß aber die Flucht vor dem Götterspruch eher wie ein Akt menschlicher Hybris erschienen sein. Götter mußte man sich nach griechischer Auffassung durch Opfer und demütigen Bittgang geneigt machen. Wer ihnen ein Schnippchen zu schlagen versuchte, rief ihren Zorn auf sich herab. Iokaste, die, um ihren Gatten zu retten, das erste in der Kette der Verbrechen begangen, nämlich den Auftrag zur Tötung des eigenen Sohnes gegeben hat, ist zugleich die einzige, die im Stück die Wirksamkeit jeglicher Weissagung leugnet. Sie, die aus Angst vor dem Götterspruch einwilligte, ihr Kind zu opfern, verfällt jetzt in das entgegengesetzte Extrem einer platten Aufgeklärtheit, die von jedem Griechen als Herausforderung an die Götter empfunden werden mußte. Darum bleibt für sie auch nur der selbstgewählte schmähliche Tod durch einen Strick. Von anderer Art ist die Hybris des Protagonisten. Er vertraut seinem Scharfsinn, mit dem er sogar die Sphinx überlistete, und glaubt, die Wahrheit besser herausfinden zu können als der Seher Teiresias, der den Göttern dient, und als Kreon, der sich Rat vom Delphischen Orakel holte. Auf die Frage des Ödipus, weshalb man sich nicht um die Aufklärung des Mordes an Laios gekümmert habe, kommt es zu folgendem Dialog:

Kreon: [. . .] des toten Laios nahm
sich keiner an, zu groß war damals unsre Not.
Ödipus: Not? Euer König lag am Boden! Welche Not
Hat euch die Sache zu ergründen nicht erlaubt?
Kreon: Die Sphinx hielt uns mit tückischem Rätsellied bei dem,
Was vor uns lag; Verborgenes vergaßen wir.
Ödipus: So ist's an mir: vom Ursprung her deck ich es auf.
Apollon steht es ebenso wie dir wohl an,
Daß ihr an dem Verstorbnen solchen Anteil nahmt.
Daher seht ihr auch mich im Bunde mit dem Recht.

(V. 126–135; Übers. von Schottlaender)

Hier hebt sich der Aufklärer Ödipus auf die Ebene Apollons und glaubt, ihn als Bündnispartner reklamieren zu dürfen bei dem Versuch, die Wahrheit ans Licht zu bringen. In dieser Haltung kommt die wahrhaft tragische Hybris zum Ausdruck, die den Zorn der Götter hervorruft, aber zugleich dem Helden die Bewunderung der Menschen einbringt und zuletzt, nach vollzogener Bestrafung, die Achtung der Götter wiedergewinnt. Darum trifft ihn eine angemessenere und weniger entwürdigende Strafe. Er sticht sich die Augen aus und versetzt sich damit in jene Blindheit, in der er sich bis dahin ahnungslos bewegt hat, als er, verblendet durch den eigenen Scharfsinn, sich einbildete, er könne sein Schicksal selbst in die Hand nehmen. *Hybris* und *Ate* sind auch bei diesem schuldlosesten aller tragischen Helden die Ursache seines Untergangs.

Schellings Deutung des *König Ödipus* soll hier ausführlich zitiert werden:

Wir sehen also, daß der Streit von Freiheit und Notwendigkeit wahrhaft nur da ist, wo diese den Willen selbst untergräbt, und die Freiheit auf ihrem eignen Boden bekämpft wird.

Man hat, anstatt einzusehen, daß dieses Verhältnis das einzig wahrhaft tragische ist, mit dem kein anderes ver-

glichen werden kann, wo das Unglück nicht im Willen und in der Freiheit selbst liegt, vielmehr gefragt, wie die Griechen diese schrecklichen Widersprüche ihrer Tragödien haben ertragen können. [...]
Die Antwort auf diese Frage ist folgende. Daß ein wahrhafter Streit von Freiheit und Notwendigkeit nur in dem angegebenen Fall stattfinden kann, wo der Schuldige durch das Schicksal zum Verbrecher gemacht ist, ist bewiesen. Daß aber der Schuldige, der doch nur der Übermacht des Schicksals unterlag, dennoch bestraft wurde, war nötig, um den Triumph der Freiheit zu zeigen, war Anerkennung der Freiheit, *Ehre*, die ihr gebührt. Der Held mußte gegen das Verhängnis kämpfen, sonst war überhaupt kein Streit, keine Äußerung der Freiheit; er mußte in dem, was der Notwendigkeit unterworfen ist, unterliegen, aber um die Notwendigkeit nicht überwinden zu lassen, ohne sie zugleich wieder zu überwinden, mußte der Held auch für diese – durch das Schicksal verhängte – Schuld freiwillig büßen. Es ist der größte Gedanke und der höchste Sieg der Freiheit, willig auch die Strafe für ein unvermeidliches Verbrechen zu tragen, um so im Verlust seiner Freiheit selbst eben diese Freiheit zu beweisen, und noch mit einer Erklärung des freien Willens unterzugehen.

(Schelling: Philosophie der Kunst, S. 695 ff.)

Schelling bringt hier die Struktur des Tragischen auf eine ähnlich dialektische Formel wie Hegel bei der *Antigone*. Obwohl seine philosophische Übersetzung des Ödipusproblems ausgesprochen schlüssig wirkt, dürften die Griechen dafür wenig Verständnis aufgebracht haben. Hätte er den Begriff, den er in der Mitte des Textes neben die Freiheit stellte, nämlich Ehre, durchgängig an deren Stelle gesetzt, so wäre seine Deutung wohl sehr viel griechischer ausgefallen. Die dialektische Deutung, die bei *König Ödipus* nahezuliegen scheint, läßt sich auf kaum eine andere griechische Tragödie anwenden. Und doch haben sie alle den Grundgestus des sich aufbäumenden Helden gemein. Dabei geht es nicht um die Behauptung einer allgemeinen, abstrakten Freiheit, wie sie für das Europa nach der Französischen Revolution zum Zentralbegriff geworden war, sondern um den trotzigen Beweis der persönlichen Integrität und Würde, also um jene Ehre, für die die Griechen so viele verschiedene Begriffe hatten. Bei Kleist und Hebbel kann man von einer dialektischen Struktur des Tragischen sprechen, bei den Griechen ist es eher eine antagonistische oder besser: agonale Struktur. Wenn der Held sich im Leiden aufbäumt und das Schicksal selbst durch das Übermaß seines Leidens ins Unrecht setzt, nötigt er sogar den Göttern Bewunderung ab und versöhnt sie wieder mit sich. In dieser frühen Phase tragischer Dichtung drückt sich die erste Aufklärung aus, in der sich der Mensch als Individuum noch nicht, wie im 18. Jahrhundert, von den kollektiven Zwängen der Gesellschaft und der Geschichte emanzipierte, sondern erst einmal von seiner Einbindung in eine vom Schicksal durchwaltete mythische Welt.

Es kann auch dem modernen Leser nicht schwerfallen, sich vorzustellen, mit welcher Bewunderung und heimlichen Befriedigung das griechische Publikum zugeschaut haben muß, wenn die großen Helden von den Göttern mit maßlosem Leiden geschlagen wurden und im Untergang ihre Ehre als Menschen rehabilitierten. Bei Shakespeare werden die Helden Opfer ihrer eigenen moralischen Schuld, und nur ihr sühnender Untergang läßt jenen Überschuß an Achtung zurück, den sie trotz ihrer Schuld verdienen. Bei Schiller, Kleist und Hebbel scheitern die Helden daran, daß sie unvermittelt, aus persönlichem Antrieb heraus in ein Geschehen eingreifen, in dem nur ein vermitteltes, durch die historischen Verhältnisse gestattetes Handeln zulässig war. Bei den Griechen ging es noch nicht um die Verantwortung vor einem allgemeinen Moralgesetz und auch nicht um die Frage, wann ein Mensch in den Geschichtsprozeß eingreifen kann und darf, sie erlebten gerade erst die schmerzhafte Geburt des seine Autonomie definierenden Individuums.

William Shakespeare: Hamlet *(um 1602)*
Vernunft und Leidenschaft

Kein Drama der Weltliteratur hat auf Leser und Kritiker so tief gewirkt und hält sie noch heute so sehr in Bann wie Shakespeares *Hamlet.* Was rechtfertigt die hohe Wertschätzung, die gerade dieser Tragödie zuteil wird? Ein Königssohn wird durch den Geist seines ermordeten Vaters aufgefordert, diesen an dem Mörder zu rächen, wozu er fünf Akte hindurch nicht die Entschlußkraft aufbringt, bis in der allerletzten Szene ein allgemeines Gemetzel einsetzt, bei dem der Königssohn in einem als Falle inszenierten scheinbar harmlosen Zweikampf zunächst von einem vergifteten Rapier tödlich verletzt wird, darauf unabsichtlich durch eine Verwechslung der Rapiere seinen Gegner verletzt, während seine Mutter einen ihm zugedachten Giftbecher trinkt und für ihn selbst gerade noch genug Zeit bleibt, mit letzter Kraft dem Mörder seines Vaters das Rapier in die Brust zu stoßen. Wie kann ein solches Stück heute noch den Leser oder Zuschauer faszinieren? Kaum jemand glaubt an Geistererscheinungen, die Blutrache ist gesetzlich verboten und moralisch geächtet; und ein Held, der sich fünf Akte hindurch vergeblich zu seinem Rachewerk aufzuputschen versucht, entspricht nicht gerade dem, was wir von einem spannenden Drama erwarten. Eifersucht wie die des Othello kann heute wie damals ein Grund für leidenschaftliche Raserei sein, Ehrgeiz wie der des Macbeth treibt auch heute noch manchen Politiker zu skrupellosen Verbrechen, verletzte Eitelkeit und blinder Jähzorn eines senilen Vaters wie bei König Lear sind noch immer gut für eine Familientragödie. Wer aber würde sich von einem Geist zu einer Rachehandlung antreiben lassen? Und doch gilt *Hamlet* als die modernste aller Shakespeare-Tragödien. Was ist das Geheimnis dieser Sphinx der dramatischen Literatur?

Die Hamlet-Begeisterung setzte erst in der Romantik ein, und nur in Deutschland steigerte sie sich bis zur Manie. Noch heute sehen die meisten deutschen Leser, die mit der

Shakespeareforschung nicht vertraut sind, Hamlet durch die Augen Goethes und der Brüder Schlegel, für die Hamlet der Denker und sensible Intellektuelle war, dem die Kraft zu entschlossenem Handeln fehlte. In Goethes Roman *Wilhelm Meisters Lehrjahre* nimmt eine Hamlet-Aufführung breiten Raum ein. Für deren Vorbereitung analysiert Wilhelm das Stück und faßt Hamlets Dilemma folgendermaßen zusammen:

> Hier wird ein Eichbaum in ein köstliches Gefäß gepflanzt, das nur liebliche Blumen in seinen Schoß hätte aufnehmen sollen; die Wurzeln dehnen sich aus, das Gefäß wird zernichtet. Ein schönes, reines, edles, höchst moralisches Wesen, ohne die sinnliche Stärke, die den Helden macht, geht unter einer Last zugrunde, die es weder tragen noch abwerfen kann; jede Pflicht ist ihm heilig, diese zu schwer.
>
> (4. Buch, 13. Kap.)

Friedrich Schlegel stimmt dieser Auffassung im einzelnen zu, sieht aber in dem Stück als Ganzem den Ausdruck einer »tragischen Weltauffassung, welche auf dem alle Tiefen der Seele durchschneidenden skeptischen Gefühl über die ewig unauflösliche Dissonanz des in seinen innersten Fugen zerrütteten Menschenlebens beruht«. Das Wesen dieser Dissonanz beschreibt er als ein »grenzenloses Mißverhältnis der denkenden und der tätigen Kraft«. Und Friedrichs Bruder August Wilhelm schreibt über Hamlet: »Taten werden von ihm gefordert, und er gibt nur Gefühle und Gedanken.« Dies ist bis heute das stereotype Hamletbild im Bewußtsein der literarischen Öffentlichkeit in Deutschland geblieben. Wer freilich das Stück liest, ohne dieses Hamletbild zu kennen, wird einen ganz anderen Eindruck von dem Helden gewinnen. Da ist ein Prinz, der die Maske des Wahnsinns aufsetzt und dem Mörder seines Vaters eine raffinierte Falle stellt, der kaltblütig zusticht, als sich hinter einem Vorhang etwas bewegt, der danach mit zynischem Spott die Leiche des Polonius hervorschleift und der es versteht, sein eigenes

Todesurteil, das Rosenkranz und Güldenstern dem englischen König zur Vollstreckung übergeben sollen, so zu fälschen, daß es nicht ihn, sondern die Überbringer dem Tode ausliefert. All dies deutet nicht auf solch eine sensible Natur hin, wie Goethe sie beschrieben hat. Und auch von einer geschwächten Willenskraft ist nichts zu spüren. Hier haben die deutschen Romantiker ganz offensichtlich ihr eigenes Dilemma in die Hamletgestalt hineingelesen. Sie lebten nach der Französischen Revolution in einem Land, das in allen Bereichen nach entschlossenem Handeln verlangte, das aber in seiner politischen Enge und Zersplitterung keinerlei Möglichkeiten dazu bot. So richtete sich alle Aktivität auf das Geistige und brachte jene Hypertrophie von Innerlichkeit hervor, die den Glanz und das Elend der deutschen Romantik ausmacht. Auf dem Höhepunkt der Restauration, vier Jahre vor der Revolution von 1848, hat Ferdinand Freiligrath dies in einem bitteren Gedicht ausgesprochen, das mit den Zeilen beginnt:

> Deutschland ist Hamlet! Ernst und stumm
> In seinen Toren jede Nacht
> Geht die begrabne Freiheit um
> Und winkt den Männern auf der Wacht.

Wenn der durch das Denken gelähmte Hamlet ein Geschöpf der Romantik ist, wie sieht dann der echte, Shakespearesche Hamlet aus? Um ihn zu verstehen, muß man zunächst das System von Wertnormen kennen, das hinter allen Stücken Shakespeares steht und das für die ganze elisabethanische Zeit charakteristisch war. Versucht man einmal, sich Shakespeares Tragödien aus großer Distanz zu vergegenwärtigen, so wird man leicht feststellen können, daß sie alle eine sehr ähnliche Struktur aufweisen. Immer steht im Mittelpunkt ein Held, der durch das Übermaß einer bestimmten Leidenschaft verführt wird, vom Pfade der Vernunft abzuweichen. Bei Macbeth ist es der Ehrgeiz, bei Othello die Eifersucht, bei Coriolan der Stolz, bei Antonius verblendete Liebe und bei König Lear Jähzorn und senile Eitelkeit. Der Konflikt von *passion* und *reason* durchzieht nicht nur als Thema alle Tragödien und Komödien des Dichters, er wird auch immer wieder explizit als Problem diskutiert. In *Troilus und Cressida* tritt Hektor als Anwalt der besonnenen Vernunft auf, während Troilus für leidenschaftliches Handeln eintritt und erwidert:

> Du polsterst deinen Handschuh mit Vernunft.
> [. . .] Mannheit und Ehre,
> Sie hätten Hasenherzen, nährten sie
> Sich von Vernünftelei; Vernunft und Rücksicht
> Macht blaß die Leber und die Tatkraft lahm.
>
> (2. Akt, 2. Szene; Übers. vom Verf.)

Um die Bedeutung dieses Konflikts zu verstehen, muß man das Weltbild der Shakespearezeit kennen. Es ist die noch sehr stark vom Mittelalter geprägte Vorstellung einer hierarchisch gestuften Ordnung, die vom Mineralreich über die Pflanzen, Tiere, Menschen und Engel bis hin zu Gott reicht. Dieser ontologischen Hierarchie entsprach eine kosmologische, die von der Erde über den Mond, die Planeten, die Sonne und die Fixsterne bis zum göttlichen Feuer, dem *empyreum*, reichte. Parallel dazu sah man eine weitere Hierarchie im Politischen, den sog. *body politic*, der im Mittelalter der Feudalpyramide entsprach und der zu Shakespeares Zeiten nur insofern verändert war, als es keine Leibeigenen mehr gab. Ansonsten aber bestand die Hierarchie von den Gemeinen (*commons*) über den niederen Adel (*gentry*) und den Hochadel (*nobility*) bis hin zur Krone fort. Ihre psychologische Entsprechung fanden die drei Hierarchien im Mikrokosmos, einer hierarchischen Stufung der Seelenkräfte von den niederen Leidenschaften mit ihrem Sitz in der Leber über die edlen Leidenschaften des Herzens bis hin zur Vernunft im Gehirn. Die Vorstellung von diesen miteinander korrespondierenden Hierarchien gehörte zum festen Inventar des elisabethanischen Weltbildes und damit auch zum Denken Shakespeares. Was ihn allerdings vom mittelalterlichen *ordo*-Denken trennt, ist das Fehlen eines Bewußt-

seins, das die Weltordnung durch eine göttliche Transzendenz garantiert sieht. Bei ihm spürt man nicht nur in den Tragödien, sondern ebenso in den Komödien, daß die Ordnung ständig gefährdet ist. Der Riß, an dem sie auseinanderzubrechen droht, geht mitten durch den Menschen; denn der Mensch, der mit den Leidenschaften seiner Sinne dem Reich der Tiere und mit seiner Vernunft dem Reich der Engel angehört, ist damit auf die tragische Bruchstelle der Schöpfung gestellt. Sobald in ihm die Leidenschaften über die Vernunft triumphieren, ist nicht nur er selbst, sondern die ganze kosmische Ordnung in Gefahr. Deshalb gerät in Shakespeares Tragödien nicht nur ein einzelner Mensch aus dem Gleis, sondern die »ganze Welt aus den Fugen«, wie Hamlet es wörtlich ausspricht.
Nun wäre es freilich falsch, wollte man in Shakespeares Stücken die schematische Illustration der hier skizzierten Weltsicht sehen. Ein neues, skeptisches Denken, das aus vielfältigen Einflüssen gespeist wurde – u. a. aus den Essays von Montaigne – legte sich bei ihm über das ererbte mittelalterliche Weltbild. Dennoch ist dessen Grundstruktur in seinen Werken allgegenwärtig. Wenn man die spezifische Struktur des Tragischen bei ihm erkennen will, muß man sie aus jener Bruchstelle ableiten, die er selbst immer wieder als solche thematisiert hat. Für das Mittelalter wäre ein Mensch, der sich von seinen Leidenschaften übermannen läßt, kein tragischer Held gewesen, sondern nur ein armer Sünder, den zu Recht die Strafe des Himmels trifft. Für Shakespeare hingegen gilt zwar immer noch das moralische Gebot der Vernunft, doch die Leidenschaften eines edlen Menschen, die diesen in Schuld und Verderben stürzen, werden jetzt nicht mehr nur als Sünde gesehen, sondern als etwas, das dem einzelnen die Statur eines großen, über das Normalmaß hinausragenden Helden gibt. Vor allem aber sind die Leidenschaften – wie Troilus es ausspricht – erforderlich, um überhaupt handeln zu können. Damit sind wir beim Kern des Hamletproblems. Hamlet ist der einzige unter Shakespeares tragischen Helden, der nicht durch eine eigene

schuldhafte Leidenschaft ins Verderben stürzt. Alle anderen werden durch eine Versuchung – Macbeth durch die Hexen, Othello durch Jagos Intrige, König Lear durch die seine Eitelkeit verletzende Sprödigkeit Cordelias – in den Sturzbach ihrer Leidenschaft hineingezogen. Hamlet aber wird durch den Geist seines Vaters nicht in Versuchung geführt, sondern im Gegenteil zu einer positiven Handlung angespornt. Das Stück läßt keinen Zweifel daran, daß das Rachewerk als moralische Pflicht verstanden werden soll. Zu dieser Handlung aber braucht Hamlet Leidenschaft, und die fehlt ihm. Von Anfang an und fast das ganze Stück hindurch ist er ein Mensch, der sich selbst und seine Verhältnisse vollkommen unter Kontrolle hat und der die Leidenschaftslosigkeit sogar als moralisches Prinzip vertritt.

> Gib mir den Mann, den seine Leidenschaft
> Nicht macht zum Sklaven, und ich will ihn hegen
> Im Herzensgrund, in meines Herzens Herzen,
> Wie ich dich hege,
>
> (3. Akt, 2. Szene; Übers. vom Verf.)

spricht er zu seinem Freund, dem leidenschaftslosen Stoiker Horatio. Doch als es um das Rachewerk geht, wird sich Hamlet des Fehlens der nötigen Leidenschaft als eines moralischen Defizits bewußt. Als er den Schauspieler sieht, der beim bloßen Rezitieren pathetischer Verse in Tränen ausbricht, beschimpft er sich selbst dafür, daß er, dem der Vater ermordet wurde, nicht die Leidenschaft aufbringt, die der Schauspieler so mühelos mobilisiert. Selbst als er Polonius ersticht, tut er es nicht in einem Anfall blinder Leidenschaft, sondern wohlkalkuliert, weil er glaubt, daß der König hinter dem Vorhang stecke. Bis zum fünften Akt ist Hamlet dank seiner Leidenschaftslosigkeit vollkommen Herr der Lage. Nicht übermäßige Sensibilität, nicht grüblerisches Denken lähmen ihn, sondern sein kühler Verstand, der das perfekte Rachewerk anstrebt. Erst mußte er sich vergewissern, daß der Geist kein Abgesandter der Hölle war. Mit seiner »Mausefalle«, der von ihm inszenierten Pantomime, überführt er den König seiner Schuld und verschafft sich damit Gewißheit. Als nächstes sucht er nach einer Gelegenheit, die Rache so auszuführen, daß er den Meuchelmörder in die Hölle schicken kann. Als er Claudius beim Beten überrascht, zückt er sein Schwert und will zustoßen. Doch sein kühler Verstand eilt der Handlung voraus und prüft erst einmal, ob dies das geforderte Rachewerk sein kann:

> Jetzt könnt' ich's tun, bequem; jetzt betet er.
> Jetzt will ich's tun – und so geht er gen Himmel,
> Und so bin ich gerächt. Schön ausgedacht:
> Ein Schuft bringt meinen Vater um, und ich,
> Sein einz'ger Sohn, schick diesen selben Schuft
> Zum Himmel.
> Wie – Heuer wär's und Löhnung, doch nicht Rache.
>
> (3. Akt, 3. Szene; Übers. vom Verf.)

Und während er sich weiter ausmalt, wie er den Mörder mitten in der schlimmsten Sünde in die Hölle schicken könnte, steckt er das Schwert wieder in die Scheide. Auch im vierten Akt, als er nach England gebracht werden soll und an seiner Statt Rosenkranz und Güldenstern in den Tod schickt, hat er die Fäden fest in der Hand. Wenn er zwischendurch – wie z. B. in seinem berühmten Monolog »Sein oder Nichtsein« – über das Leben und den Tod nachdenkt, sind das keine trüben, weichlichen Gedanken, sondern die Überlegungen eines scharfsinnigen Kopfes, der die ganze Reichweite seines Denkens ausschreitet. Auch hier bleibt er Herr der Lage und läßt sich zu nichts hinreißen.
In dieser kühlen, lauernden, alles kontrollierenden Position verharrt er bis zum fünften Akt und kommt nicht zur Tat, weil dafür der Antrieb der Leidenschaft erforderlich ist. Dann aber ist der Augenblick da, wo auch in ihm Leidenschaft aufflammt: als er zu Laertes ins Grab der Ophelia springt und gegen dessen Trauer seine eigene stellt, die, wie er sagt, einer Liebe entspringt, die größer war als die von vierzigtausend Brüdern. Jetzt wird sein klarer Kopf von wilder Leidenschaft überschwemmt. Daß er mit einem

Schlage den bis dahin so souverän bewahrten Überblick verliert, wird auf höchst anschauliche Weise dadurch zum Ausdruck gebracht, daß er in das ausgehobene Grab springt und nun die Welt nur noch auf Erdbodenhöhe überschaut. An dieser Stelle ist nun auch er in die Falle der Leidenschaft getappt, und während er vorher alle gegen ihn gesponnenen Intrigen frühzeitig durchschaute, fällt er jetzt auf das Komplott von Claudius und Laertes herein, und die Tragödie nimmt ihren Lauf.
Hamlet ist die einzige Tragödie, in der Shakespeare das *passion-reason*-Schema genau umgekehrt thematisiert hat. Während er in den anderen Stücken zeigte, wie große Männer dem Übermaß einer Leidenschaft zum Opfer fallen, schuf er in Hamlet einen Helden, der wegen seiner Leidenschaftslosigkeit alles unter Kontrolle hat und ebendeshalb nicht entschlossen handeln kann; und als er endlich leidenschaftlich wird, verliert er die Kontrolle. Daß dies vom Dichter so thematisiert wird, ist an einer ganzen Skala von Abstufungen der Leidenschaft bzw. der Leidenschaftslosigkeit abzulesen, die das Stück zeigt. Claudius ist der Meuchelmörder, der einer verbrecherischen Leidenschaft nachgab. Laertes wird von einer edleren Leidenschaft, dem Rachedurst, getrieben, läßt sich aber in ein unedles Komplott hineinziehen. Fortinbras ist ein Abenteurer, der der gedankenlosen Leidenschaft eines auf Ruhm erpichten Soldaten folgt, sich dabei aber an die Spielregeln der Ehre hält. Er folgt einer der »nobler passions«, die nach elisabethanischer Auffassung ihren Sitz im Herzen haben. Horatio schließlich ist der von jeglicher Leidenschaft freie Stoiker, der darum nur tatenlos zusehen kann, wie sich das Unheil zusammenbraut. Hamlet aber ist der tragische Held, der zuerst durch Vernunft gelähmt und zuletzt durch aufwallende Leidenschaft geblendet wird. Parallel zu diesen fünf Abstufungen von Leidenschaft bzw. sittlicher Vernunft stellen Polonius, Rosenkranz und Güldenstern sowie der Höfling Osrick in ähnlicher Abstufung den willfährigen instru-

mentellen Verstand dar, der sich zur Hure der Macht erniedrigen läßt und damit ebenfalls die Vernunft verrät. (In *Othello* wird diese negative Form des Verstands durch Jago verkörpert.)

Charakteristisch für Shakespeare ist, daß in seinen Tragödien am Ende Personen an die Spitze gelangen, die weder leidenschaftliche Größe noch überlegene Vernunft aufweisen. Es sind vielmehr pragmatische Menschen, die ihre vitalen Interessen mit dem gesunden Menschenverstand verfolgen. In *Hamlet* ist es Fortinbras, in *Othello* Cassio, in *Macbeth* Malcolm, der sich dem Unheil durch Flucht entzog, und in *Coriolan* sogar der Verschwörer Aufidius, der eben noch auf meuchlerische Weise den Helden umgebracht hatte. Ein Schlüsselbegriff in Shakespeares Weltbild ist *degree*, d. h. Abstufung, Rang, Ordnung. In *Troilus und Cressida* hält Odysseus eine lange Rede, in der er dem griechischen Heer darlegt, welches Chaos im Kosmos durch die kleinste Abweichung von der göttlichen Ordnung angerichtet wird. Störung und Wiederherstellung der Ordnung ist das Grundschema aller Shakespearestücke. In den Historien sind es Störungen der politischen Ordnung, die dadurch auftreten, daß ein legitimer Herrscher sich als unfähig erweist oder ein Usurpator die Macht an sich reißt. In den Tragödien geht die Störung vom moralischen Versagen eines großen Menschen aus, durch das die gesamte kosmische Ordnung in Gefahr gerät. Erst durch die Vernichtung des schuldig gewordenen Helden kann die Ordnung wiederhergestellt werden. Aber selbst ein unschuldiger Held wie Hamlet muß geopfert werden, da er nicht zu dem pragmatischen Kompromiß fähig war, durch den die Vernunft die Kontrolle über das Handeln behält.

In den Komödien geht es um das gleiche Problem, nur tritt an die Stelle des gewaltsamen Bruchs ein sanfteres Biegen durch die kompromißbereite pragmatische Vernunft. Die Ausübenden dieser sanften Gewalt sind bei Shakespeare fast immer Frauen. Rosalind (*Wie es Euch gefällt*), Viola (*Was ihr wollt*) und Portia (*Der Kaufmann von Venedig*) sind typische Beispiele dieser zwischen Vernunft und Leidenschaft vermittelnden Haltung. Im letztgenannten Stück ist der Jude Shylock mit seinem unkontrollierten Haß gegen die Feinde seiner Rasse ein Vertreter der unbeugsamen Haltung, mit der er durchaus zum Helden einer Tragödie hätte werden können. Da das Stück aber als Komödie angelegt ist, wird das Problem nicht durch einen tragischen Bruch, sondern durch Vermittlung aufgelöst. Shylock wird zwar grausam bestraft, kommt aber mit dem Leben davon, während Bassanio, dessen leichtsinnige Schuldenmacherei die ganzen Verwicklungen ausgelöst hat, mit der Hand Portias belohnt wird. Bassanio gehört zu jenen pragmatischen Lebenskünstlern, die auch in den Tragödien überleben wie z. B. Fortinbras. Doch die Bewunderung und innere Anteilnahme des Zuschauers und sicher auch des Autors gilt den trotzigen Helden, die tragisch gebrochen werden. Am Schluß von *König Lear* sagt Albany:

> The oldest hath born most: we that are young
> Shall never see so much, nor live so long.

Das drückt sehr deutlich aus, daß die Überlebenden von kleinerem Format sein werden. Ihnen gehört die Zukunft, doch es wird eine Welt der Gewöhnlichkeit sein. In den Schlußszenen der Tragödien zeigt sich mit besonderer Deutlichkeit, daß Shakespeare in einer Übergangszeit schrieb. Eine Welt der aristokratischen Größe, aber auch der großen Verbrechen, geht zu Ende, und eine neue bürgerliche Welt zieht herauf, in der es keine Großen mehr geben wird, die die Welt aus den Fugen bringen; in der der strahlende Glanz menschlicher Größe und die Finsternis der tragischen Umnachtung sich im Alltagsgrau des gesunden pragmatischen Menschenverstands auflösen. Es ist die Zeit, in der die Individuen aus ihren persönlichen Bindungen an den Herrn oder den Gefolgsmann heraustreten und sich als Bürger eines parlamentarisch kontrollierten Staatswesens zu fühlen beginnen. Und es ist die Zeit, in der das Wunder göttlicher Offenbarung der wissenschaftlichen Erkenntnis weicht, für deren empirische Methoden Francis Bacon gerade das Programm formuliert hatte. Unsere im ersten Teil des Buches vorgestellte Theorie der Tragödie wird hier, wie es scheint, vollauf bestätigt.

Gotthold Ephraim Lessing: Minna von Barnhelm oder Das Soldatenglück *(1767)*
Über die Biegsamkeit von Grundsätzen

Spötter haben diese erste bedeutende, zugleich auch bekannteste und vielleicht sogar beliebteste deutsche Komödie als ein Stück bezeichnet, in dem edle Menschen unentwegt und ohne Erfolg versuchen, ihr Geld zu verschenken. Dies, sollte man annehmen, ist nicht der Stoff, der zu Komödien taugt. Und schon gar nicht würde man vermuten, daß ein solches Stück Anstoß erregen kann. Und doch wurde es, als es in der damals nicht ganz so freien Hansestadt Hamburg uraufgeführt werden sollte, zunächst auf Betreiben des dortigen preußischen Residenten verboten. Erst nach umständlicher Intervention beim zuständigen Minister in Berlin gelang es Lessing neun Tage vor der Aufführung, das preußische Plazet zu bekommen. Deshalb sollte man den Spöttern raten, das Stück zuerst einmal durch die Brille seines ersten Publikums von 1767 zu sehen. Formal hat die Komödie nichts, was eine Theatersensation erwarten ließe. Im Gegenteil, schon das Personenverzeichnis zeigt die enge Anlehnung an das klassische Schema, das aus englischen, französischen und italienischen Komödien des 18. Jahrhunderts jedem Theaterbesucher vertraut war: ein edles Paar, dem auf der Dienstbotenebene ein zweites Paar beigesellt ist, dazu zwei komische Figuren, Just und Riccaut de la Marlinière, die schon durch ihre Namen festgelegt sind, der eine als kurz angebundener Wahrheitssager, der andere als wortreicher Wahrheitsfriseur – und schließlich ein Onkel, der am Ende auftauchen und die Geschichte einrenken wird. Auch im Handlungsaufbau läßt Lessing kaum eines der vertrauten Versatzstücke ungenutzt. Da wird eine Frau ahnungslos in das Zimmer ihres Verlobten einquartiert, der, ebenfalls ahnungslos, in ein anderes ausweichen muß, und beide leben unter einem Dach nebeneinander, bevor sie sich im zweiten Akt zum erstenmal begegnen. Nicht minder konventionell ist das Spiel mit den Verlobungsringen, wenn Minna sich in den Besitz von Tellheims Ring bringt, ihm diesen als den ihren zurückgibt und mit der Verweigerung der Rücknahme den Geliebten glauben macht, daß die Verlobung endgültig gelöst sei, während er in Wirklichkeit ja seinen ersten Ring zurückbekommt und die Verlobung dadurch noch einmal bekräftigt wird. Auch der in deutscher Sprache radebrechende Franzose war, bei aller Komik, nicht sonderlich originell. Im Formalen gab es nichts, was diese Komödie aus dem Repertoire der Zeit besonders heraushob, nicht einmal die Sprache, der man ein gewisses Lessingisieren durchaus anhört. Wenn das Stück dennoch auf Anhieb ein Erfolg war, dann deshalb, weil hier zum erstenmal eine Komödie auf eine zeitgeschichtliche Realität Bezug nahm, die erst vier Jahre zurücklag und dem Publikum noch mit allen ihren Auswirkungen vertraut war: der letzte Schlesische Krieg mit der durch ihn ausgelösten Finanz- und Wirtschaftskrise.

Der Inhalt des Lustspiels ist schnell erzählt: Major von Tellheim, im soeben beendeten Krieg mit der unangenehmen Aufgabe betraut, von den sächsischen Städten Kontributionszahlungen einzutreiben, hatte die Gelder zu dem niedrigsten Satz, in den er nur im äußersten Fall einwilligen sollte, selbst vorgeschossen. Nach seiner Entlassung wird der Verdacht gegen ihn laut, daß er pflichtwidrig gehandelt habe, und die Erstattung der vorgeschossenen Gelder wird bis zur endgültigen Klärung des Falles ausgesetzt. So findet sich der Major zu Beginn des Stücks entlassen, verarmt und in seiner Ehre gekränkt, drei Umstände, die es ihm unmöglich erscheinen lassen, die reiche Verlobte Minna von Barnhelm in einer Ehe an sich zu binden. Minna, die monatelang nichts von ihm gehört hat, taucht mit ihrer Zofe unerwartet

auf und versucht, ihm seinen starrsinnigen Ehrbegriff auszureden. Als dies nichts fruchtet, dreht sie den Spieß um und gibt vor, von ihrem Onkel wegen der vorschnellen Verlobung enterbt worden zu sein. Jetzt sieht sich Tellheim auf andere Weise bei seiner Ehre gepackt und fühlt sich nicht nur berechtigt, sondern verpflichtet, die mittellose Frau, die er nach wie vor liebt, zu heiraten. Da gibt Minna der Handlung eine erneute Wendung, indem sie nun Tellheims ersten Standpunkt einnimmt und behauptet, seiner nicht würdig zu sein. Als Tellheim erfährt, daß Minna den von ihm verpfändeten Verlobungsring an sich gebracht hat, glaubt er, sie habe von Anfang an die Verlobung lösen wollen und benutze das Argument der Ehre nur als Vorwand. Auf dem Höhepunkt der von Minna inszenierten Krise erscheint ihr Onkel, sie wirft sich in Tellheims Arme, nimmt seinen Ring, er wirft sich in die Arme des Onkels, und zur Abrundung des Glücks macht die Zofe Franziska dem treuen Wachtmeister des Majors einen Heiratsantrag, den dieser freudig annimmt und mit dem berühmten Schlußsatz quittiert: »Über zehn Jahr ist sie Frau Generalin, oder Witwe!«
Der thematische Konflikt, um den es in der Komödie geht, läßt sich auf die einfache Formel bringen: Ehre gegen Liebe. Tellheim fühlt sich um der Offiziersehre willen verpflichtet, auf sein Liebesglück zu verzichten, während für Minna nur die Stimme des Herzens gilt, die bei ihr mit der des gesunden Menschenverstands übereinstimmt. Daß Lessing selbst auf der Seite Minnas steht, ist von Anfang an klar. Dennoch macht er es sich nicht so einfach, wie es zunächst den Anschein hat. Seine Lösung besteht nicht darin, daß die »wilden, unbiegsamen Männer, die nur immer ihr stieres Auge auf das Gespenst der Ehre heften« – wie Minna es ausdrückt –, von dem Gespenst ablassen, sobald zur begehrenden Liebe die Sorge um die Geliebte kommt. Ehre ist ein Wert in einem vertikalen, hierarchischen Wertesystem, sie ist das objektivierte Bewußtsein des eigenen Rangs innerhalb dieses Systems. Liebe hingegen ist eine egalitäre, horizontale

Beziehung, die keine Rangordnung kennen darf. »Gleichheit ist immer das festeste Band der Liebe«, sagt Tellheim (V,5). Aber er betrügt sich auch hier; denn als Minna sich ihm als hilflos Enterbte darstellt, wird zwischen ihnen nicht Gleichheit hergestellt, sondern an die Stelle des öffentlichen Rangs tritt der Anspruch auf die natürliche Überlegenheit des Mannes, für den Mitleid, die Tochter der Liebe, – nach Tellheims eigenen Worten – ein stärkerer Impuls ist als die Liebe selbst. In der unmittelbar folgenden Szene erhält Tellheim die Nachricht von seiner Rehabilitierung und der bevorstehenden Rückerstattung seines Vermögens. Als er dies Minna freudig eröffnet, nimmt sie ihn bei seinen eigenen Worten:

> Gleichheit ist allein das feste Band der Liebe. – Die glückliche Barnhelm wünschte, nur für den glücklichen Tellheim zu leben. Auch die unglückliche Minna hätte sich endlich überreden lassen, das Unglück ihres Freundes durch sich, es sei zu vermehren, oder zu lindern. – Er merkte es ja wohl, ehe dieser Brief ankam, der alle Gleichheit zwischen uns wieder aufhebt, wie sehr zum Schein ich mich nur noch weigerte.
>
> (5. Aufzug, 9. Auftritt)

Da droht Tellheim, durch Vernichtung des Briefs und durch Verzicht auf sein Vermögen sich ihr erneut gleichzumachen. Minna erwidert, indem sie nun ganz Tellheims frühere Argumentation übernimmt:

> Es ist eine nichtswürdige Kreatur, die sich nicht schämet, ihr ganzes Glück der blinden Zärtlichkeit eines Mannes zu verdanken!

Tellheim protestiert, und auf Minnas Vorwurf, daß er »seine eigene Rede in ihrem Munde« tadle, antwortet er:

> Sophistin! So entehrt sich das schwächere Geschlecht durch alles, was dem stärkern nicht ansteht? So soll sich der Mann alles erlauben, was dem Weibe geziemet? Welches bestimmte die Natur zur Stütze des andern?

Mit diesen Sätzen, die in Frageform die vollkommene Gleichheit von Mann und Frau endlich aussprechen, bricht Tellheims ganzes Räsonnement in sich zusammen. Danach folgt auch er nur noch seinem Gefühl, zuerst – in der unmittelbar folgenden Szene – seinem Zorn über die vermeintliche Treulosigkeit der Geliebten und danach in der Enthüllungsszene seiner Liebe. Wie ein Tanzbär, dem die Augen verbunden wurden, geht er an Minnas Leine und versteht kaum noch, was um ihn herum geschieht.

> O über die Blinden, die nicht sehen wollen!

ruft Minna, als er ihr den Ring zurückgeben will, nach dem sie ihn fragt, und fährt fort:

> Geben Sie her, geben Sie her! *(Reißt ihn ihm aus der Hand und steckt ihn ihm selbst an den Finger.)*
>
> (5. Aufzug, 12. Auftritt)

Jetzt ist er ganz aus seinem vertikalen Denken in Rangkategorien herausgerissen und tappt mit unsicheren Schritten in der horizontalen Dimension einer auf völliger Gleichheit begründeten Liebesbeziehung. Das gleiche wiederholt sich auf der Dienstbotenebene. In der Schlußszene macht Franziska ihrem Werner mit der gleichen Direktheit einen Heiratsantrag, mit der Minna ihrem Geliebten den Ring ansteckt. Werners oben zitierter Schlußsatz läßt die Frauen triumphieren, und sei es noch als Witwen.
Von diesem Ende her wird verständlich, weshalb das Stück von Hütern der hierarchischen Ordnung als so gefährlich empfunden wurde, daß sie es verbieten wollten. Es war gewiß nicht nur der vorauseilende Gehorsam eines subalternen Beamten, der befürchtete, man könne Tellheims Groll über seine Entlassung und über den gegen ihn erhobenen Verdacht als Kritik am König empfinden; denn letzterer ist als Absender des Rehabilitierungsschreibens am Ende genauso rehabilitiert wie Tellheim. Das eigentlich Revolutionäre an dem Stück ist die Tatsache, daß es einer Frau unter dem Beifall des Publikums gelingt, das hierarchische

Denken eines hochrangigen Vertreters der gesellschaftlichen Ordnung in ein ganz neues, personales und horizontales Denken zu verwandeln. Hier zeichnet sich gegen den Hintergrund des aufgeklärten preußischen Absolutismus die Utopie eines bürgerlichen Bewußtseins ab. Diese Wirkung des Stückes wurde zum Zeitpunkt seiner Erstaufführung sicher noch dadurch verstärkt, daß die meisten Zuschauer sich an die Kriegswirren gut erinnern konnten und vor allem an den anschließenden Finanzskandal des Bankiers Gotzkowski, in dessen Gefolge viele Kaufleute in den Ruin stürzten. Dieter Hildebrandt weist in der Einleitung seines Dokumentationsbandes zu *Minna von Barnhelm* darauf hin, daß Lessing die Entstehung des Stückes auf dem Titelblatt der Buchausgabe auf das Jahr 1763 und die Handlung exakt auf den 22. August datiert. Dies aber sei der Tag gewesen, an dem im Zusammenhang mit dem Bankenkrach die Sanierungsmaßnahmen eingeleitet wurden. Ob Hildebrandt mit seiner Vermutung recht hat, läßt sich nicht beweisen. Wie es scheint, lag Lessing sehr daran, die Komödie mit einem zeitgeschichtlichen Ereignis zu verknüpfen, bei dem Interessen der bürgerlichen Existenz mit denen des absolutistischen Ständestaats scharf aufeinanderprallten. Der heutige Zuschauer wird das Revolutionäre darin genauso wenig spüren wie in Beaumarchais' Stück *Die Hochzeit des Figaro*, das 1781 im vorrevolutionären Paris als ebenso subversiv empfunden und erst einmal für drei Jahre verboten wurde. Nur wenn man sich einmal die Frage stellt, ob es in der deutschen Literatur des 18. Jahrhunderts eine selbständigere und selbstbewußtere Frau gibt als Minna von Barnhelm, wird man das durch und durch Neue an dieser Figur richtig einschätzen können.

Das bisher Gesagte hat die komödienhafte Einkleidung des Themas nur als eine beliebig gewählte Form erscheinen lassen. In Wirklichkeit aber ist sie ein wesentlicher Bestandteil der thematischen Aussage. Wenn die Tragödie zeigt, wie der hochfliegende Held durch einen heftigen Streich auf den Boden der Tatsachen niedergestreckt und damit auf das menschliche Normalmaß reduziert wird, zeigt die Komödie das gleiche, nur daß die Nivellierung des Helden Gelächter auslöst. Tellheims halsstarriger Ehrbegriff hätte ebensogut ein Motiv für eine Tragödie sein können. Diese aber hätte nur vom entgegengesetzten Standpunkt aus glaubwürdig geschrieben werden können. Ein Held, der um seiner verletzten Ehre willen zugrunde geht, würde den Zuschauer nur dann rühren, wenn dieser selbst der Ehre hinreichend Bedeutung beimißt. Lessing ging es aber gerade darum, das Festhalten an der Ehre da, wo es dem eigenen Glück im Wege steht, als ein unangemessenes Verhalten zu entlarven und die Bedeutung dieses Wertes auf ein gesundes Normalmaß zu reduzieren. Dies konnte nur die Komödie leisten. Da aber seine beiden Helden durch und durch edelmütige Menschen sind, auf deren Kosten man kaum mit gutem Gewissen lachen könnte, mußte er, um das Stück nicht zu einem erbaulichen Melodrama werden zu lassen, andere Figuren einfügen, über die sich die durch die Nivellierung des Helden entstandene Spannung in Gelächter entladen kann. Franziska, Just und Werner sind solche Figuren, die mit ihrem Witz oder ihrer gutmütigen Direktheit Lachen erregen, das eigentlich der Position Tellheims gilt. Der einzige, der selber ausgelacht wird, ist der Wirt. Es ist sicher kein Zufall, daß er als obrigkeitshöriger Duckmäuser und stets auf seinen Vorteil bedachter Bürger auf der Seite der hierarchischen Werte steht und nicht nach dem Wert der einzelnen Person fragt; denn so trifft das Gelächter, das ihm gilt, auch die Welt, der Tellheim sich zugehörig fühlt, obwohl er unter ihr leidet. Die interessanteste der komischen Figuren ist Riccaut de la Marlinière. Er bewegt sich in der Welt der hierarchischen Ordnung und trägt deren Maske mit chamäleonhafter Anpassung, gleichzeitig aber distanziert er sich von deren Wertnormen viel weiter, als Minna es je mit ihrem Gewissen vereinbaren könnte. So kann er der Pendler zwischen beiden Welten sein, der als erster die gute Nachricht für Tellheim überbringt, obwohl dieser ihn nicht mag, und der Minna zur Partnerin seines Glücksspiels macht, obwohl sie sein Falschspiel mißbilligt. Er ist der komische Nullpunkt des Stücks. Damit hat er die Funktion, die etwa bei Shakespeare die Clowns erfüllen. Mit seiner weltgewandten, elastischen Moral ist er als Überlebenskünstler selber nicht Zielscheibe des Gelächters, sondern der Bezugspunkt, von dem aus die relative Starrheit Tellheims und der moralisch verantwortliche Pragmatismus Minnas eingeschätzt werden können. Deshalb läßt Lessing ihn im vierten Akt auftreten und gewissermaßen die Null-Linie markieren, bevor kurz darauf das lange Grundsatzgespräch zwischen Minna und Tellheim stattfindet. Erst durch dieses Bezugssystem gewinnen Tellheims Rigorismus und Minnas Pragmatismus ein lebendiges dramatisches Profil. Damit ist Lessing das Kunststück gelungen, eine höchst wirkungsvolle Komödie zu schreiben, in der nicht ein einziger eindeutig negativer Charakter auftritt.

Johann Wolfgang Goethe: Torquato Tasso *(1790)*
Der Dichter und die Gesellschaft

Nicht jeder, der als Schüler im Deutschunterricht Goethes *Tasso* gelesen hat, wird danach den Wunsch verspürt haben, sich das Stück im Theater anzusehen. Führt ihn der Zufall dann doch einmal in eine gute Aufführung, wird er zu seinem grenzenlosen Erstaunen feststellen, daß dies ein faszinierendes Psycho-Drama ist, in dem zwei Menschen einen subtilen Machtkampf austragen, wie man es heute ähnlich nur aus den Stücken Harold Pinters kennt. Dabei ist die Handlung so einfach, daß man sie kaum als Handlung bezeichnen kann: Ein Dichter wirbt um die Freundschaft eines Politikers, wird von diesem höflich, aber bestimmt auf Distanz gehalten und fühlt sich dadurch so tief in seinem Selbstwertgefühl verletzt, daß er glaubt, einen völligen Schiffbruch erlitten zu haben. Es gehört ein ganz großer Dichter dazu, um aus einem so kargen Stoff ein großes

Drama zu machen. Was Goethe dazu prädestinierte, gerade dieses Sujet so eindrucksvoll zu gestalten, war der Umstand, daß es sich um ein Stück seiner eigenen Biographie handelte. Auch er war, wie Tasso, als Dichter an einen fürstlichen Hof gerufen worden und mußte unter Politikern und Menschen von Welt seinen Status finden. Anders als seinem Helden Tasso gelang es ihm, sich durchzusetzen und sogar Minister zu werden. Doch welches innere Drama er auf dem Weg dorthin zu bestehen hatte, wird in diesem Stück sichtbar, in dem er wie in so vielen anderen seiner Werke einen Akt therapeutischer Selbstbefreiung geleistet hat.

Das Thema, um das es darin geht, ist der Gegensatz zwischen der Subjektivität des Dichters und dem normativen Zwang, den die Gesellschaft jedem einzelnen auferlegt, wenn menschliches Zusammenleben möglich sein soll. Tasso ist ein junger Dichter, der sich seines begnadeten Talents wohl bewußt ist, zugleich aber auch weiß und es täglich zu spüren bekommt, daß er vom Wohlwollen der Gesellschaft, und zwar der guten Gesellschaft am Hofe, abhängig ist. Als Dichter ist er dünnhäutig, überempfindlich für jeden Reiz, der von außen kommt. Und so neigt er zu ständigen Überreaktionen. Seine Sensibilität ist die Voraussetzung für sein Dichtertum, aber sie setzt ihn zugleich immer neuen Verletzungen aus. Die Erfahrung solcher Verletzungen hat ihn mißtrauisch gemacht. Das Mißtrauen wiederum, das sich zu zwanghaftem Verfolgungswahn steigert, provoziert neue Verletzungen. So bewegt er sich mit seiner extrem dünnen Haut unter weltläufigen Normalmenschen, die ihm als rüde Dickhäuter erscheinen müssen, was für ihn selbst und für die anderen zu ständigen Irritationen führt. Ein gewöhnlicher Mensch mit solcher Sensibilität müßte irgendwann seine Schwäche gegenüber den Lebenstüchtigeren anerkennen. Für Tasso aber ist sie gerade seine Stärke; denn nur dadurch ist er der begnadete Dichter. Dies wiederum hebt ihn auch in den Augen des Hofes weit über das Normalmaß hinaus und macht ihn würdig des Umgangs mit Fürsten, doch ohne daß er von diesen außerhalb des geistigen Reichs als ebenbürtig angesehen wird. So fühlt er sich einerseits hoch geschätzt und andererseits nur geduldet. Als Mann von Geist die anderen übertreffend, ist er als Mann von Welt unterlegen. In der Begegnung mit Antonio und in der Freundschaft mit diesem aber sieht er eine Chance, auch in die große Welt des politischen Handelns eingeführt zu werden.

Antonio ist Staatssekretär, also ein hoher Beamter und als solcher auch nur ein Dienender. Dennoch tritt er gegenüber dem Fürsten selbstbewußt und mit natürlicher Autorität auf. Immer wieder im Laufe des Stücks wird er – durch andere und durch sich selbst – als Mann, d. h. als voll Erwachsener, charakterisiert, während Tasso der noch unreife, unsichere Jüngling ist. Antonio hat seinen Status in der Welt gefunden. Er weiß, daß es darauf ankommt, die vorgefundene Ordnung anzuerkennen und sich in sie einzufügen. Um das Sicheinfügen aber nicht zu einem Selbstverlust werden zu lassen, muß man Distanz halten. Nur durch Abgrenzung wird Ordnung erkennbar, und nur erkannte Ordnung ermöglicht einen reibungslosen Verkehr in ihr. Tasso hingegen lebt ganz in der Innerlichkeit seiner Subjektivität. Distanzlos drängt er sich anderen auf oder stößt sie ab. Immer erwartet er vom anderen, daß er sich ihm genauso rückhaltlos öffne wie er selber, ohne zu bedenken, daß der andere dann genauso verletzlich wäre und schon beim leisesten Mißverständnis zu den gleichen Überreaktionen neigen würde. Ein harmonisches Zusammenleben mit Menschen vom Schlage Tassos ist kaum möglich. Andererseits wäre eine Gesellschaft von lauter Antonios nur ein gut funktionierendes Uhrwerk, von dem keine schöpferischen Impulse ausgingen. Beide sind aufeinander angewiesen. Tasso bedarf des Schutzes einer gesellschaftlichen Ordnung, die durch Menschen wie Antonio aufrechterhalten wird, und Antonio bedarf des sensiblen Dichters, damit die Gesellschaft kein nur sich selbst reproduzierender Mechanismus bleibt, sondern eine Innenwelt erhält, in der sie ihr eigenes Normensystem als einen zur Utopie veredelten Gesellschaftsentwurf gespiegelt sieht. Die Paradoxie liegt darin, daß der Adel, auf den sich die höfische Gesellschaft gründet, nach der Veredеlung durch einen Dichter verlangt, der selber erst in den Adelsstand gehoben wurde und darum als gesellschaftlich nicht gleichrangig empfunden wird. Dies ist die Diskussion, die im *Tasso* in langen Gesprächen und Monologen geführt wird.

Hätte Schiller das Stück geschrieben, dann hätte er sicher das Problem mit zitierenswerter Präzision auf den Punkt gebracht. Goethe hingegen vermeidet allzu eindeutige Präzisierungen, wenngleich das Stück immer noch zahlreiche epigrammatisch verdichtete Aussagen über das zentrale Problem enthält. Statt dessen ist er bestrebt, den Konflikt nuancenreich zu psychologisieren. So läßt er Tassos legitimen Anspruch auf Anerkennung als distanzlose Aufdringlichkeit und Antonios Forderung nach Respekt vor der gesellschaftlichen Ordnung als leicht gönnerhafte Verachtung gegenüber dem von ihm, dem Mann der Tat, als Müßiggang empfundenen Dichtertum erscheinen. Die Folge ist, daß beide Figuren ihre Positionen auf eine höchst gebrochene Weise und nicht etwa als idealisierte Gegensätze vertreten. Der große Dichter ist zugleich ein unreifer, bis zur Peinlichkeit egozentrischer Mensch, und der bedeutende Politiker zugleich ein Mann, hinter dessen Forderung nach Selbstbeschränkung sich schon etwas von der Beschränktheit abzeichnet, aus der das Ressentiment des Spießers gegenüber dem kreativen Künstler entspringt.

Diese ganz unideale, psychologisch nuancierte Gebrochenheit läßt beide Figuren als nicht übermäßig sympathisch erscheinen, so daß der Zuschauer sich mit keiner ganz identifizieren kann. Damit wird aber erreicht, daß das Problem, nämlich das wechselseitige Aufeinander-Angewiesensein beider Seiten, im Zentrum des Dramas bleibt. Das spezifisch Goethesche an dieser Konstellation ist der Umstand, daß es sich dabei nicht um die Antinomie zweier unversöhnlicher Gegensätze handelt, sondern um die Polarität zweier sich ergänzender Komplemente. Polarität und Steigerung sind zwei Schlüsselbegriffe in Goethes Denken. Er glaubte, daß das gesamte Universum und vor allem die lebende Natur sich nach diesem Prinzip entwickeln. In seiner *Farbenlehre* legt er seine Vorstellung dar, daß Licht und Finsternis sich im Medium des Trüben treffen und aus der Polarität ihres Gegensatzes die Farben als gesteigerte Form des Lichts hervortreiben. Im *Faust* wird dieses Prinzip des produktiven Gegensatzes bereits im einleitenden »Prolog im Himmel« vorgestellt, wo Mephisto als Gegenpol Gottes von diesem speziell dazu eingesetzt wird, um den Menschen zur höchsten Entfaltung seiner Möglichkeiten zu treiben. So wie das klare Licht die Finsternis braucht, um sich zur Farbe zu steigern, so braucht Gott den Teufel, um seine Schöpfung im Menschen zur höchsten Blüte zu steigern. Und ebenso braucht der Dichter Tasso den Widerstand der Gesellschaft, verkörpert durch Antonio, um bedeutende Dichtung zu schaffen. Für Tasso als subjektiven Menschen bedeutet dies Erniedrigung und Leiden, doch für ihn als Dichter wird das Leiden zur Nahrung seiner Kunst. Er selbst sagt am Schluß:

Und wenn der Mensch in seiner Qual verstummt,
Gab mir eine Gott, zu sagen, wie ich leide.

(5. Aufzug, 5. Auftritt, V. 3432 f.)

Doch Goethe ist sich selbst gegenüber ehrlich genug, das Stück nicht mit dieser pathetischen Geste des im Leiden über das Normalmaß hinauswachsenden Dichters enden zu lassen. Statt dessen läßt er Tasso sich vor Antonio demütigen und sich wie ein Schiffbrüchiger an ihn wie an den rettenden Felsen klammern:

Zerbrochen ist das Steuer, und es kracht
Das Schiff an allen Seiten. Berstend reißt
Der Boden unter meinen Füßen auf!
Ich fasse dich mit beiden Armen an!
So klammert sich der Schiffer endlich noch
Am Felsen fest, an dem er scheitern sollte.

(V. 3448–53)

Hier ist nichts von der romantischen Vorstellung zu spüren, daß der Dichter ein Prophet Gottes oder »the unacknowledged legislator of the world« (Shelley) sei. Goethe ist viel zu sehr Realist, um nicht zu sehen, daß Kultur stets abhängig ist vom Wohlwollen der Mächtigen und vom Interesse der vielen. Deshalb ist der demütigende Schluß des *Tasso* von bitterer Tragik. Tassos Qual wird sich nur für die anderen in ästhetischen Genuß verwandeln und zum Ruhm der Gesellschaft in der Nachwelt beitragen. Er selbst als Person empfindet sich als gescheitert. Und auch als Mann bleibt ihm Befriedigung versagt. In der vorletzten Szene, bevor er sich scheiternd an seinen rettenden Felsen wirft, hatte er sich schon in die Arme der Prinzessin geworfen, als er ihr Interesse an seiner Kunst mißverstand und es für einen Ausdruck von Liebe hielt. Dort wird er von ihr heftig weggestoßen:

Hinweg!

Dies ist das letzte Wort aus ihrem Munde, ein Wort, mit dem man einen Dienstboten verjagt.

Tasso ist ein vollkommen illusionsloses Stück über die prekäre Situation des Dichters, der wie eine Orchidee nur auf dem mächtigen Stamm der Gesellschaft existieren kann und dennoch weiß, daß er den rohen Stamm durch Blüten von unvergleichlicher Schönheit adelt. Doch nur um dieser Blüten willen schätzt man ihn. Für seine leidende Person darf er keinerlei Pardon erwarten. Hier wird zum ersten Mal in der Literatur exemplarisch die Stellung des schöpferischen Menschen in der bürgerlichen Welt vorgeführt. Seitdem hat sich ein immer breiter anschwellender Strom von Literatur mit dem Künstler beschäftigt und ihn als den Inbegriff des singulären, der Welt entfremdeten Individuums der Gesellschaft gegenübergestellt. Von der Romantik bis zum Ende der Moderne ist dies das zentrale Thema der Literatur geblieben. Angebahnt hatte es sich bereits im Sturm und Drang, wenngleich dort die Dichtung noch als die »Muttersprache der Menschheit« (Hamann) gesehen wurde und der

Dichter als ossianischer Sänger. Im *Tasso* aber wird der Dichter schon so illusionslos als jene fragwürdige Existenz vorgeführt, die der Künstler später für Thomas Mann darstellt, bei dem der Gegensatz von Kunst und Leben ein stets wiederkehrendes Thema ist. Und noch Thomas Bernhards obsessive Attacken gegen die Gesellschaft werden aus dieser Tradition gespeist.

Friedrich Schiller: Die Jungfrau von Orleans. Eine romantische Tragödie *(1801)*
Das Räderwerk der Geschichte

Schiller, so scheint es, ist ein Dichter ohne Geheimnis. Alles, was er sagen wollte, hat er mit so kristallener Klarheit gesagt, daß kaum ein Zuschauer seiner Stücke das Theater mit einem Gefühl der Irritation und Ratlosigkeit verläßt. Alles scheint auf Anhieb verstehbar zu sein, und da er selbst alle Wertungen und Deutungen in zitierfähiger Form eingearbeitet hat, scheint nirgendwo ein unauflöslicher Rest zu bleiben, der den Zuschauer beunruhigt. Sicher war dies einer der Gründe für die außerordentlich große Popularität, die er im vorigen Jahrhundert und noch in den ersten Jahrzehnten dieses Jahrhunderts beim gebildeten Bürgertum genoß. Es ist aber auch ein Grund dafür, daß er heute viel weniger intellektuelles Interesse weckt als z. B. Kleist oder Büchner. Die Ästhetik der Moderne erwartet von einem Kunstwerk beunruhigende Vieldeutigkeit und formale Gebrochenheit. Schillers Ideal aber war die Vollkommenheit der Form und die Evidenz allgemeinmenschlicher Wahrheiten. Dieser Wechsel im literarischen Urteil traf am härtesten die beiden seiner Stücke, die lange Zeit die populärsten waren: *Die Jungfrau von Orleans* und *Wilhelm Tell*. Beide sind mit ihren modellhaften Charakteren kaum noch in unverfremdeter Form aufzuführen, während die Stücke mit gebrochenen Charakteren wie *Kabale und Liebe*, *Don Carlos*, *Maria*

Stuart und *Wallenstein* durchaus noch glaubwürdig auf die Bühne gebracht werden können. Mindestens ebenso schwer wie auf der Bühne dürfte es die *Jungfrau von Orleans* im Deutschunterricht haben, wo sie früher einen festen Platz einnahm. Welcher Schüler könnte sich heute noch für das opernhafte Pathos erwärmen, mit dem hier ein metaphysischer Sittlichkeitsbegriff von jungfräulicher Reinheit mit dem Begriff von nationaler Souveränität verknüpft wird? Und doch stellt das Stück in paradigmatischer Weise etwas dar, was als Problemstruktur in allen anderen Stücken des Dichters wiederkehrt.

Es geht um das Problem der Legitimität von historischem Handeln. Schon in den *Räubern* hatte Schiller das Grundmodell aller seiner späteren Stücke entfaltet. Hier stehen sich zwei feindliche Brüder gegenüber, von denen sich der böse das Vertrauen des Vaters und damit die reale Legitimation erschlichen hat, während der gute und damit moralisch legitimierte nur ohne die gesetzliche Legitimität, nämlich als Räuber, in das Geschehen eingreifen kann, um die historische Realität mit den Forderungen der Moralität in Übereinstimmung zu bringen. Dieses Grundmuster kehrt in besonders prägnanter Form in *Don Carlos* wieder. Dort ist ein schwacher Prinz der Anwärter auf den Thron eines auf Mißtrauen und Repression begründeten Regimes. Der von edlem Freiheitspathos beseelte Marquis Posa hätte die moralische Qualität und das persönliche Charisma, um Spanien aus der politischen Finsternis herauszuführen. Aber da er nicht der Thronerbe ist, fehlt ihm jede Legitimation. Er kann nur versuchen, dem Prinzen Carlos die eigenen Ideen einzuflößen und durch ihn hindurch zu handeln. Dies tut er auch, aber er scheitert an der Schwäche und Unentschlossenheit des Prinzen. In *Wallenstein* wird das Grundmuster noch detaillierter ausgeführt. Hier stehen sich zwei Lager gegenüber: das des historisch legitimierten Kaisers und das Wallensteins, der die persönliche Qualifikation hätte, das Reich aus der verworrenen Lage zu retten und ihm eine neue

Zukunft zu eröffnen. Aber Wallenstein kann dies nur, indem er sich gegen den Kaiser wendet und damit zum Rebellen wird. So müssen die Kaisertreuen um des Rechtes willen den großen Feldherrn umbringen, dem sie selber und auch das Reich so viel verdanken. Zu dem grundsätzlichen Widerspruch zwischen historisch gewachsenem Recht und dem durch Vernunft legitimierten Eingriff in das Räderwerk der Geschichte kommen hier noch die persönlichen Konflikte der Freunde Wallensteins, die zwischen Pflicht und Neigung hin und her gerissen sind. In *Maria Stuart* hat Schiller, um sein Modell durchspielen zu können, sogar eine eindeutige Geschichtsfälschung vorgenommen. Er läßt Elisabeth als die nur durch die Realgeschichte legitimierte Königin erscheinen, während er Maria Stuart so darstellt, daß der Zuschauer sie als die würdigere Königin empfindet: Wäre die persönliche Königlichkeit die Legitimationsgrundlage für das Herrschertum, so müßte Maria auf dem englischen Thron sitzen statt Elisabeth, der vor allem die königliche Tugend der Großmut fehlt. Am komplexesten hat Schiller das Problem in seinem unvollendeten *Demetrius* konzipiert. Demetrius will wie Marquis Posa und Wallenstein in den Geschichtsprozeß eingreifen, ohne dazu durch die Geschichte legitimiert zu sein. Doch im Gegensatz zu diesen beiden und all den anderen Schillerschen Rebellen ist er sich dieses Defizits zunächst nicht bewußt, da er sich für den echten, also historisch legitimierten Zarensohn Demetrius hält, der nur fälschlicherweise für tot erklärt worden sein soll. Erst gegen Ende des Stücks sollte er nach Schillers Plan erfahren, daß er nicht der echte Demetrius ist, sondern ein bloßes Werkzeug in den Händen politisch ehrgeiziger Königsmacher. Von diesem Augenblick an ist er unrechtmäßiger Tyrann und steht moralisch in demselben Dilemma wie Wallenstein. Die gleiche Problemstruktur läßt sich in allen übrigen Stücken aufzeigen, wenngleich sie in einigen Fällen nicht ganz so offensichtlich ist. Aber selbst in dem bürgerlichen Trauerspiel *Kabale und Liebe* ist klar zu erken-

nen, wie auf der einen Seite die korrupten, aber historisch legitimierten Vertreter der Macht stehen, während auf der anderen Seite die nur moralisch legitimierten Liebenden vergeblich versuchen, in das Räderwerk der objektiven Machtverhältnisse einzugreifen.
Es handelt sich hier um eine Sicht der Geschichte, die sich bei Schiller unter dem Eindruck der Französischen Revolution ausgebildet hatte, als ihm klar wurde, zu welchen Folgen der nicht legitimierte Eingriff in den Geschichtsprozeß führt. Später hat er diese antirevolutionäre, ganz auf Evolution setzende Haltung in den Briefen *Über die ästhetische Erziehung des Menschen* zu einer politisch-anthropologischen Menschheitspädagogik ausgebaut. Er spricht dort von der physischen und der sittlichen Natur des Menschen und analog dazu vom Naturstaat und dem sittlichen Staat.

> Nun ist aber der physische Mensch wirklich, und der sittliche nur problematisch. Hebt also die Vernunft den Naturstaat auf, wie sie notwendig muß, wenn sie den ihrigen an die Stelle setzen will, so wagt sie den physischen und wirklichen Menschen an den problematischen sittlichen, so wagt sie die Existenz der Gesellschaft an ein bloß mögliches (wenngleich moralisch notwendiges) Ideal von Gesellschaft. [...]
> Wenn der Künstler an einem Uhrwerk zu bessern hat, so läßt er die Räder ablaufen; aber das lebendige Uhrwerk des Staates muß gebessert werden, indem es schlägt, und hier gilt es, das rollende Rad während seines Umschwunges auszutauschen.
>
> (Dritter Brief)

Im Vierten Brief formuliert er das gleiche Dilemma noch einmal aus der Sicht des individuellen Menschen.

> Jeder individuelle Mensch, kann man sagen, trägt, der Anlage und Bestimmung nach, einen reinen, idealischen Menschen in sich, mit dessen unveränderlicher Einheit in

allen seinen Abwechselungen übereinzustimmen die große Aufgabe seines Daseins ist. Dieser reine Mensch, der sich mehr oder weniger deutlich in jedem Subjekt zu erkennen gibt, wird repräsentiert durch den *Staat*; die objektive und gleichsam kanonische Form, in der sich die Mannigfaltigkeit der Subjekte zu vereinigen trachtet. Nun lassen sich aber zwei verschiedene Arten denken, wie der Mensch in der Zeit mit dem Menschen in der Idee zusammentreffen, mithin ebenso viele, wie der Staat in den Individuen sich behaupten kann: entweder dadurch, daß der reine Mensch den empirischen unterdrückt, daß der Staat die Individuen aufhebt; oder dadurch, daß das Individuum Staat *wird*, daß der Mensch in der Zeit zum Menschen in der Idee sich *veredelt*.

(Vierter Brief)

Betrachtet man Schillers Dramen, so wird man feststellen müssen, daß von einem Staat im Sinne einer kollektiven Idee des Menschen nichts zu bemerken ist. Das, was durch König Philipp in *Don Carlos*, durch den Kaiser in *Wallenstein*, durch Königin Elisabeth in *Maria Stuart* repräsentiert wird, ist nichts weiter als ein Machtsystem, das gegenüber den Individuen Marquis Posa, Wallenstein und Maria Stuart, die sich ihm entgegenstellen, durchaus nicht als sittlich überlegene Instanz auftritt.

Während Schiller in seinen philosophischen Schriften ganz der idealistische Denker ist, der, auf Kantischem Boden und von Fichte beeinflußt, den Staat als metaphysische Totalität der Sittlichkeit des Menschen ansieht, wie Hegel ihn danach in seiner großangelegten Staatstheorie konzipiert hat und wie er noch heute das staatstheoretische Denken der Deutschen bestimmt: während dies also seine spekulativen Schriften beherrscht, zeichnet er als Dichter ein völlig anderes Bild von der Welt. In seinen Tragödien ist von irgendeiner Idealität des Staates nichts zu spüren. Vielmehr sind die Gesellschafts- und Staatssysteme in den drei genannten Stücken ebenso wie in *Die Räuber*, *Die Verschwörung des*

Fiesko zu Genua, *Kabale und Liebe* und *Wilhelm Tell* in hohem Maße korrupt, so daß die dagegen sich auflehnenden tragischen Helden trotz ihrer schuldhaften Rechtsbrüche edler als das erscheinen, wogegen sie verstoßen. Als Philosoph machte Schiller Front gegen die Französische Revolution, die er anfangs begrüßt und die ihn danach entsetzt hatte. Als Dichter aber konnte er gar nicht anders, als für die großen, edlen, wenngleich schuldbefleckten Individuen Partei zu ergreifen, die in das Räderwerk der Geschichte eingreifen und dabei selber unter die Räder kommen. Sein Herz schlug für Maria Stuart, nicht für Elisabeth, für Wallenstein, nicht für Octavio Piccolomini, und es kann gar keinen Zweifel daran geben, daß er sich einen Don Carlos mit dem Geist von Marquis Posa auf dem Thron Philipps und den falschen Demetrius auf dem Zarenthron gewünscht hätte. Als Philosoph begründete er die metaphysische Legitimität des Staates, als Dichter hingegen zeigte er charismatische Menschen, die sich gegen diese Legitimität stellen und die an der Spitze des Staates die Unmenschlichkeit der abstrakten Macht mit natürlicher Menschlichkeit versöhnt hätten, wenn sie im Besitz des einen gewesen wären, das ihnen fehlte: der historischen Legitimation. In dem oben erwähnten Vierten Brief heißt es:

> Einheit fordert zwar die Vernunft, die Natur aber Mannigfaltigkeit, und von beiden Legislationen wird der Mensch in Anspruch genommen. Das Gesetz der erstern ist ihm durch ein unbestechliches Bewußtsein, das Gesetz der andern durch ein unvertilgbares Gefühl eingeprägt. Daher wird es jederzeit von einer noch mangelhaften Bildung zeugen, wenn der sittliche Charakter nur mit Aufopferung des natürlichen sich behaupten kann; und eine Staatsverfassung wird noch sehr unvollendet sein, die nur durch Aufhebung der Mannigfaltigkeit Einheit zu bewirken imstand ist.

Und wenig später schreibt er:

Der Mensch kann sich aber auf eine doppelte Weise entgegengesetzt sein: entweder als Wilder, wenn seine Gefühle über seine Grundsätze herrschen; oder als Barbar, wenn seine Grundsätze seine Gefühle zerstören.

Wenn nun aber der Mensch, der, seinem Gefühl folgend, die Grundsätze ändern will, ein Wilder ist und derjenige, der mit den Grundsätzen die Gefühle unterdrückt, ein Barbar, wer darf dann überhaupt in ein »noch sehr unvollendetes« Staatsgebilde eingreifen, um es zu verbessern?
Nach dieser langen Einleitung ist es an der Zeit, auf *Die Jungfrau von Orleans* selbst einzugehen. Johanna hat den göttlichen Auftrag erhalten, das französische Heer gegen die Engländer zum Siege zu führen und ihr Vaterland von den Feinden zu befreien. Dazu wurde ihr eine Bedingung auferlegt:

Nicht Männerliebe darf dein Herz berühren.

Sie folgt dem Auftrag, eilt von Sieg zu Sieg. Dann, im dritten Akt, tritt ihr ein schwarzer Ritter entgegen und fordert sie auf, das Schwert aus der Hand zu legen. Sie hält ihn für einen Abgesandten des Teufels und kämpft weiter. Gleich darauf begegnet sie dem Engländer Lionel, den sie im Kampf besiegt, aber nicht töten kann, als sie im geöffneten Visier sein Gesicht sieht, dessen Anblick in ihr die Frau weckt. Damit ist ihr Zauber gebrochen, sie wird besiegt, kann sich aber vor der Entscheidungsschlacht auf wunderbare Weise aus der Gefangenschaft der Engländer befreien und noch einmal das französische Heer zum Sieg führen, wobei sie in der Schlacht fallt. Wie läßt sich dieser ganz und gar unrealistischen, märchenhaft-parabolischen Handlung eine verstehbare Bedeutung abgewinnen?
Johanna ist, im Sinne des obigen Zitats, eine Barbarin; denn sie opfert dem Grundsatz der Vaterlandsliebe ihre Natur als Frau. Sie ist zugleich aber auch eine Wilde, die blindlings ihrem unbeirrbaren Gefühl folgt. Sie befindet sich damit in einem Zustand, in dem Subjekt und Objekt, Gefühl und Erkenntnis noch nicht getrennt sind. Es ist der uranfängliche

Zustand, der in der kollektiven Phantasie der Menschheit mit der Vorstellung des Paradieses verknüpft ist. In ihrem ersten Monolog sagt Johanna, sie habe ihren Auftrag von dem Gott erhalten, der auf dem Berge Horeb zu Moses gesprochen habe. Später erklärt sie, die Jungfrau Maria sei ihr erschienen und habe sie als Frau in die Pflicht genommen.

Gehorsam ist des Weibes Pflicht auf Erden.

Offensichtlich wollte Schiller damit anzeigen, daß Johanna sowohl vom gesetzgebenden Gott als auch von Maria, dem natürlichen Gefäß der Gottheit, ihren Auftrag erhalten hat. Solange sie dem Auftrag blindlings folgte, waren in ihr das göttliche Gesetz und das natürliche Gefühl eins. Als sie dem gestürzten Lionel ins Gesicht sieht, wird dies zu ihrem Sündenfall. Sie ißt vom Baum der Erkenntnis:

Warum mußt' ich ihm in die Augen sehn!
Die Züge schaun des edeln Angesichts!
Mit deinem Blick fing dein Verbrechen an,
Unglückliche! Ein blindes Werkzeug fordert Gott,
Mit blinden Augen mußtest du's vollbringen!
Sobald du *sahst*, verließ dich Gottes Schild,
Ergriffen dich der Hölle Schlingen!

(4. Aufzug, 1. Auftritt, V. 2575–81)

Natürlich darf man sich dies nicht als moralische Versündigung vorstellen. Es handelt sich vielmehr um das anthropologische Phänomen der Bewußtwerdung des Menschen. Danach ist Johanna nur noch Mensch und als solcher in eine unvollkommene Welt gestellt, in der sie die Pflicht hat, das Gefühl mit dem Gesetz zu versöhnen. Als sie im Zweikampf mit Lionel plötzlich als Frau reagiert und ihrem Gefühl folgt, ist dies für sie als göttliches Werkzeug ein Sündenfall, für sie als zur Frau gewordenem Menschen ein Zeichen edler Menschlichkeit. An dieser Stelle hätte sie den göttlichen Auftrag zurückgeben müssen. Da sie es aber nicht tut, ist sie von da an nur noch die in ihrem Gefühl verwirrte Wilde, die nach ihrer Verbannung an ihren Ursprung, zur Natur, zurückkehrt. Als sie von den Engländern gefangengenommen wird, erscheint sie diesen nicht mehr wie vorher als Zauberin, sondern nur noch als Närrin. An dem Rückfall in das reine hilflose Gefühl mußte sie zugrunde gehen, so wie ihr Gegner, der englische Heerführer Talbot, fallen mußte, weil er glaubte, das staatliche Handeln unter das Joch rationaler Grundsätze zwingen zu können. Er ist wahrscheinlich die einzige Figur des Stückes, mit der sich der moderne Mensch identifizieren kann. Sterbend spricht er:

> Unsinn, du siegst, und ich muß untergehn!
> Mit der Dummheit kämpfen Götter selbst vergebens.
> Erhabene Vernunft, lichthelle Tochter
> Des göttlichen Hauptes, weise Gründerin
> Des Weltgebäudes, Führerin der Sterne,
> Wer bist du denn, wenn du dem tollen Roß
> Des Aberwitzes an den Schweif gebunden,
> Ohnmächtig rufend, mit dem Trunkenen
> Dich sehend in den Abgrund stürzen mußt!
> Verflucht sei, wer sein Leben an das Große
> Und Würd'ge wendet und bedachte Plane
> Mit weisem Geist entwirft! Dem Narrenkönig
> Gehört die Welt –
>
> (3. Aufzug, 6. Auftritt, V. 2318–29)

Talbot ist im Schillerschen Sinn der Barbar, der glaubt, die Wirklichkeit in ein rationales Kalkül zwingen zu können. Johanna ist die Wilde, die aus dem Gefühl heraus in das Räderwerk der Geschichte eingreifen wollte. Beide mußten scheitern. Erfolg hat, nach Schillers Meinung, nur eine harmonische Verbindung von Gefühl und Vernunft. In Johanna der Heiligen ist diese Verbindung als Utopie vorgeführt worden: Die göttliche Vernunft verbunden mit der reinen Natur in einer Jungfrau, die nichts als ein blindes Werkzeug ist. Doch diese Synthese ist eben nur in der Utopie eines vorbewußten Paradieses oder am Ende der Menschheitsgeschichte möglich. Allerdings hat Schiller in den erwähnten Briefen *Über die ästhetische Erziehung des Menschen* eine konkrete Utopie entworfen, die einen Weg zeigen soll, wie die Versöhnung von Sinnlichkeit und Sittlichkeit durch ästhetische Veredlung der Menschennatur schon in der Zwischenwelt zwischen Sündenfall und Jüngstem Tag möglich ist.

Heinrich von Kleist: Penthesilea *(1808)*
Die Dialektik des absoluten Liebesanspruchs

Wenn man unter Drama nicht das In-die-Sprache-Holen von Wirklichkeit, sondern das Schaffen neuer Wirklichkeit durch Sprache versteht, dann gibt es wohl kein vollkommeneres Drama als Kleists *Penthesilea.* In dieser Tragödie ist nichts, was aus dem Text heraus auf die reale Wirklichkeit verweist. Es gibt darin weder das gemeine Volk noch das höfische Milieu der Herrschenden, weder erkennbare Machtverhältnisse noch moralische Abschattierungen der Individuen. Alles, was das Normensystem des realen Lebens ausmacht – Macht, Eigentum, Moral – ist ausgeblendet. So braucht der Zuschauer auf nichts anderes Bezug zu nehmen als auf das, was er auf der Bühne sieht – wozu er allerdings selten genug Gelegenheit haben wird; denn das Stück ist oft für unaufführbar erklärt worden. Man hat es als »Wortoper« bezeichnet. In der Tat löst sich die simulierte Wirklichkeit in ihm in der Sprache ähnlich auf wie ein Opernlibretto in der Musik. Und doch ist das, was dargestellt wird, weder etwas Märchenhaft-Erfundenes noch eine bewußte Zerstörung der Realitätserwartung, wie man sie aus dem absurden Drama kennt.

Der Stoff entstammt der antiken Sage, und das ganze Stück bewegt sich ausschließlich im Raum dieser sagenhaften Fabel ohne irgendeinen Bezug zur bürgerlichen, nicht einmal zur aristokratischen Menschenwelt. In seiner Realitätsferne und seiner homogenen Geschlossenheit ist es von extremer

Künstlichkeit. Dies kommt bereits in der äußeren Form zum Ausdruck. Statt in fünf Akte gliedert es sich in 24 Auftritte. Es ist die Stundenzahl eines vollen mythischen Tags. (Im *Zerbrochnen Krug* sind es 12 Auftritte, der letzte wird nicht mehr numeriert. Hier geht es um einen halben, *lichten* Tag, was schon darin zum Ausdruck kommt, daß der lichtbringende Schreiber den Namen Licht trägt. Wer Kleist kennt, weiß, daß diese Zahlen sich nicht zufällig ergaben, sondern höchst absichtsvoll gewählt wurden.) Im ersten Auftritt erhalten wir im Lager der Griechen aus dem Munde des Odysseus einen Bericht über den wilden, in rasender Leidenschaft geführten Kampf zwischen Achill und der Amazonenkönigin Penthesilea. Und schon hier klingt aus jeder Zeile der Beschreibung heraus, daß dies ein Liebeskampf auf Leben und Tod ist. Der sechste Auftritt zeigt zum erstenmal das Lager der Amazonen, wo die griechischen Gefangenen von den Amazonen mit Kränzen für das Rosenfest geschmückt werden. Die Griechen, die zunächst fürchten, auf dem Altar der Artemis geopfert zu werden, sind überrascht zu erfahren, daß sie in den dunklen Hain der Göttin zu einem Liebesfest gebracht werden sollen. Todesangst schlägt um in erotische Erwartung. Im zwölften Auftritt nimmt Achill die ohnmächtig zusammengesunkene Königin gefangen. Im achtzehnten Auftritt wird Penthesilea von den Amazonen wieder befreit. Im vierundzwanzigsten schließlich reitet sie mit Hunden und Elefanten gegen Achill, der ihr unbewaffnet entgegengeht, um sich ihr in Liebe zu unterwerfen. Sie aber, in blinder Raserei, fühlt sich verhöhnt, tötet ihn und schlägt buchstäblich ihre Zähne in sein Fleisch. Als sie aus dem Rausch erwacht, tötet sie sich selbst ohne Waffe durch einen reinen Willensakt.

Daß die entscheidenden Wendepunkte des Stücks in die Auftritte 1, 6, 12, 18 und 24 fallen, ist gewiß kein Zufall. Sie markieren die Tageszeiten dieses mythischen Tags. In die Mitte jedes Abschnitts ist jeweils ein weiterer entscheidender Auftritt plaziert. Im dritten Auftritt verfolgt Penthesilea Achill wie eine Jägerin, hat ihn fast erreicht, da schlägt der

»Verschlagene« einen Haken, Penthesilea stürzt vom Pferd, und er entkommt. In der Mitte des zweiten Abschnitts, im 9. Auftritt, ist Penthesilea rasend vor Liebe zu Achill, der näher und näher rückt, während sie nicht weiß, ob sie fliehen soll oder nicht. Sie bäumt sich auf, will in einem Anfall von Größenwahn den Sonnengott vom Himmel holen, und als sie glaubt, daß er – im Spiegelbild – zu ihren Füßen liegt, sinkt sie halb ohnmächtig in den Fluß. Dies ist der äußerste Punkt ihrer Schwäche und macht sie reif dafür, von Achill im 12. Auftritt besiegt zu werden. Doch sie selber glaubt, als sie aus der Ohnmacht erwacht, daß nicht er sie, sondern sie ihn gefangengenommen habe. In der Mitte dieses dritten Abschnitts, der einen Zustand wahnhafter Selbsttäuschung darstellt, liegt der lange 15. Auftritt, in dem Penthesilea dem Achill die ganze Geschichte des Amazonenstaats erzählt. Am Ende des Auftritts wird sie jäh aus ihrem Wahn gerissen, als Achill ihr sagt, daß sie seine Gefangene ist. Mit ihrer Befreiung im 18. Auftritt wird der letzte Abschnitt eingeleitet, in dessen Mitte, im 21. Auftritt, Achill seinerseits einer Verblendung erliegt, als er in völliger Fehleinschätzung der Gefühle Penthesileas beschließt, ihr unbewaffnet entgegenzugehen, überzeugt, daß sie ihm aus Liebe kein Haar krümmen werde. Damit sind die Weichen für den tragischen Schluß im 24. Auftritt gestellt. Daß diese Einteilung des 24-Stunden-Kreises genau kalkuliert ist, erkennt man daran, daß Kleist, um das Zahlenkalkül einhalten zu können, einige Male, z. B. im 16. und 17. Auftritt, einen Handlungszusammenhang in zwei sehr kurze Auftritte zerlegt, der ebensogut ein einziger Auftritt hätte sein können. Er tat es ganz offensichtlich nur, um das Zahlenschema nicht durchbrechen zu müssen.

Die nächste Frage, die sich stellt, ist die, was der Dichter mit diesem elaborierten Schema bezweckte. Die vier Abschnitte stellen, wie sich leicht erkennen läßt, vier Stufen in Penthesileas Bewußtsein dar. Im ersten Abschnitt ist sie die verwegene Amazonenkönigin, die mit ihrem Heer von Sieg zu Sieg reitet und Gefangene für das Rosenfest macht. Doch am

Ende dieses Abschnitts, im 5. Auftritt, sagt Prothoe, ihre engste Freundin, ihr ins Gesicht, daß sie im Begriffe sei, sich selber zu verlieren, und damit ihrem Amt nicht länger gerecht werde:

> Du bist, in Flammen wie du loderst, nicht
> Geschickt, den Krieg der Jungfraun fortzuführen.
> (V. 798 f.)

Penthesilea hat sich vom kollektiven mythischen Heros in ein personales Wesen verwandelt. Der zweite Abschnitt wird ganz ausgefüllt mit dem Liebesgefühl der zur Person gewordenen Frau. Er endet mit Penthesileas Gefangennahme. Sie aber, aus der Ohnmacht erwachend, weiß davon nichts. Waren im ersten Abschnitt Wunschtraum und waches Bewußtsein eins, so sind sie jetzt vollkommen getrennt. Der Wunschtraum wird zur Illusion, und als diese zerreißt und sie erfährt, daß nicht sie ihn, sondern er sie gefangengenommen hat, ist ihre frühere kraftvolle Sicherheit zerstört. Auch als mit ihrer Befreiung der vierte Abschnitt einsetzt, kann sie nicht zu ihrer früheren Identität mit sich selbst zurückfinden. Sie ist gefangen in ihrer personalen Subjektivität, muß aus Gründen des Selbstschutzes mißtrauisch sein und mißversteht infolgedessen die Absicht Achills, als dieser unbewaffnet auf sie zukommt. Aus diesem Zustand der verunsicherten, kalkulierenden Subjektivität verfällt sie in einen Wahnsinnsrausch, in dem sie Achill zerfleischt. Danach kehrt sie zu sich selbst zurück, wird wieder identisch mit sich selbst und ist jetzt so stark, daß sie sich mit dem bloßen Gedanken an ihren Schmerz töten kann.

Um diese eigentümliche, metaphysisch begründete Psychologie zu verstehen, muß man die Denkfigur kennen, die allen Werken Kleists zugrunde liegt. Am anschaulichsten hat er sie in seinem berühmten Aufsatz *Über das Marionettentheater* dargestellt. Dort entwickelt er in essayistischer, fast feuilletonistischer Form die Vorstellung einer anthropologischen Entwicklung, die sich in drei Schritten vollzieht. Am

Anfang war ein Zustand bewußtloser Unschuld, in dem das mit sich selbst identische Individuum durch ein untrügliches Gefühl, gleichsam durch eine bewußtlose Allwissenheit, geleitet wurde. Seit dem »Essen vom Baume der Erkenntnis« ist jeder einzelne in sein begrenztes empirisches Bewußtsein eingesperrt und damit ständig der Täuschung ausgesetzt. Erst nach dem Eintritt in das göttliche Allwissen wird der Mensch die natürliche Anmut und instinktsichere Unschuld wiedererlangen, die er einst im Paradies hatte. In der Zwischenwelt zwischen Paradies und göttlicher Allwissenheit hat er nur eine einzige, letzte Verbindung mit diesen beiden Sphären: das Gefühl. Durch dieses Organ hat er Zugang zu der absoluten untrüglichen Gewißheit, die das Tier durch seine Instinkte und Gott durch seine Allwissenheit besitzt. Das Problem ist aber, daß der Mensch sich vor seinem Bewußtsein verantworten muß, so daß er dem Gefühl, wenn es dem Bewußtsein widerspricht, aus moralischen Gründen nicht folgen darf. Nur in der Märchenparabel *Das Käthchen von Heilbronn* hat Kleist einen Menschen gezeigt, der unbeirrbar und mit Erfolg ausschließlich seinem Gefühl folgt. In allen seinen anderen Werken entstehen die Probleme daraus, daß die Menschen wohl ein sicheres Gefühl haben, dieses aber durch die Vernunft kontrollieren müssen. Werden sie wie Kohlhaas durch ein an sich richtiges Gefühl – in seinem Fall das Rechtsgefühl – ohne solche Kontrolle beherrscht, so werden sie zu blindwütig Rasenden. Versuchen sie sich aber – wie Penthesilea in ihrem Liebesgefühl – durch vernünftige Kontrolle zu sichern, so kann ein Fehlschluß ihres für Täuschungen anfälligen Bewußtseins sie in ihrem Gefühl so verwirren, daß sie ebenfalls in Raserei verfallen. Im *Prinzen von Homburg* nimmt der Prinz im Traum – und der Traum ist bei Kleist immer eine Rückkehr in die untrügliche Gewißheit der paradiesischen Unschuld – den Sieg in der Schlacht vorweg. Als er dann aber in der Schlacht blindlings seinem Gefühl folgt, gegen den Befehl verstößt und den Sieg erringt, muß er zum Tode verurteilt werden, da er als rationaler Mensch der Pflicht und nicht dem Gefühl hätte folgen müssen. Erst als er dies anerkennt und das Todesurteil akzeptiert, kann der Kurfürst gleichsam als Gottvater auftreten und in einem Gnadenakt das Gefühl mit dem Bewußtsein versöhnen.

Die gleiche Problemstruktur liegt in *Penthesilea* vor. Am Anfang ist sie wie ein instinktsicheres Tier in einem Zustand paradiesischer Unschuld. Mit dem Bewußtwerden ihrer Liebe zu Achill ist sie eingesperrt in ihr für jede Täuschung anfälliges Bewußtsein. Liebe ist ihrem Wesen nach die uneingeschränkte Hingabe des Liebenden an den Geliebten. Doch dies kann der Liebende vor seinem Bewußtsein nur dann verantworten, wenn er sicher sein darf, daß seine Hingabe nicht mißbraucht wird. Um dies zu verhindern, wird er danach trachten, sich vorher des Geliebten so zu vergewissern, daß er ihn »besitzt«. Das Inbesitznehmen des Geliebten zerstört aber das Ideal der Liebe als freier uneingeschränkter Selbsthingabe. Dieses ethische Fundamentalproblem, für das die Menschen in der Institution der Ehe eine Lösung zu finden versuchten, steht im Mittelpunkt von Kleists Tragödie. Beide, Achill und Penthesilea, wollen sich einander hingeben, aber erst, nachdem jeder den anderen als Gefangenen heimgeführt hat. Sie stellen einen absoluten und totalen Liebesanspruch. Aber gerade durch die Inbesitznahme des Geliebten zerstören sie das Ideal der Liebe, das sie anstreben.

Kein anderer Dichter hat dem Tragischen eine so radikale dialektische Struktur gegeben wie Kleist. Da die Zeit, in der die deutschen Tragiker von Schiller bis Hebbel schrieben, von der dialektischen Philosophie des deutschen Idealismus beherrscht wurde, ist es kein Wunder, daß das dialektische Denkmodell auch in die Dichtung eindrang. Kleist hat es von allen am konsequentesten ausgeführt und bis zur metaphysischen Paradoxie gesteigert. Achill und Penthesilea wollen die absolute und totale Selbsthingabe durch die vorherige Inbesitznahme des Geliebten ermöglichen und zerstören eben dadurch die Bedingungen der Möglichkeit dieser Liebe. Mit dem gleichen Totalitätsanspruch versucht Kohlhaas sein Recht durchzusetzen und zerstört eben dadurch die Bedingungen der Möglichkeit von Recht. Eine Vermittlung zwischen dem empirischen, für Täuschungen anfälligen Bewußtsein und der absoluten Gewißheit ist möglich, wenn ein reiner Mensch wider alle Vernunft seinem Gefühl treu bleibt (Käthchen), wenn Gott eingreift (Alkmene in *Amphitryon*) oder wenn der Staat als Totalität der Vernunft durch einen Gnadenakt den einzelnen mit dem Ganzen und das Gefühl mit der Vernunft aussöhnt wie im *Prinzen von Homburg*.

Daß ein Wert sich gerade dadurch selbst zerstört, daß er sich mit unvermittelter Gewalt zu realisieren versucht, wird in *Penthesilea* am Schluß von Prothoe in einem Gleichnis ausgesprochen, das Kleist schon früher in einem Brief vom 29. Juli 1801 und fast wortgleich in der frühen Tragödie *Die Familie Schroffenstein* verwendet hat.

> Prothoe: Sie sank, weil sie zu stolz und kräftig blühte!
> Die abgestorbne Eiche steht im Sturm,
> Doch die gesunde stürzt er schmetternd nieder,
> Weil er in ihre Krone greifen kann.
>
> (V. 3040–44)

Dieser Gedanke der selbstzerstörerischen Dialektik, die in jedem Absolutheitsanspruch liegt, gehörte ganz offensichtlich zu den Ideen Kleists, die sein ganzes Denken bestimmten. Ebenfalls dazu gehörte aber auch sein Glauben, daß das Gefühl, wenn es der Verwirrung durch das Bewußtsein widersteht, einen unmittelbaren Zugang zum Absoluten offenhält. Hätte es über Penthesilea und Achill noch einen Vertreter jener Instanz gegeben, die im *Käthchen* durch den Kaiser und im *Prinzen von Homburg* durch den Kurfürsten verkörpert wird, dann hätten beide von ihren rationalen Verpflichtungen als Träger politischer Verantwortung entbunden werden können, und ihr Gefühl hätte sich unmittelbar verwirklicht. Kleist ist oft als der tragischste unter den deutschen Tragikern bezeichnet worden. Und doch hat er nach der noch unreifen *Familie Schroffenstein* außer der nicht sehr bedeutenden *Herrmannsschlacht* nur diese eine große Tragödie geschrieben, die auf der Bühne im Schatten seiner beiden herrlichen Komödien *Amphitryon* und *Der zerbrochne Krug* steht. Der Grund liegt eben darin, daß in seiner dialektischen Denkfigur dank dem Gefühl immer auch die Möglichkeit der Versöhnung angelegt ist. So hat er zwar das Tragische am radikalsten auf seine Wurzel zurückgeführt, aber sein Weltbild ist weit weniger von Tragik beherrscht als das von Hebbel.

Georg Büchner: Dantons Tod *(1835)* *Der Beginn der Moderne*

Wenn alle Dramatiker im Alter von 24 Jahren gestorben wären, gäbe es keinen größeren als Büchner. Zugegeben, die Überlegung ist nicht sonderlich geschmackvoll. Aber es wäre ungerecht, ihn einfach an den Großen zu messen, ohne zu bedenken, daß er in drei Jahren etwas geschaffen hat, was andere in dreißig Jahren nur an Menge, nicht an Qualität übertroffen haben. Auf Gerechtigkeit hat Büchner fast hundert Jahre warten müssen. Aber selbst heute, wo er neben Zeitgenossen wie Grillparzer oder Hebbel wirkt, als hätte er ein Jahrhundert später geschrieben, macht sich der bewundernde Leser kaum klar, was es heißt, vor Vollendung des 24. Lebensjahres ein Medizinstudium mit der Promotion abzuschließen, daneben mit höchstem Risiko politische Agitation zu treiben und obendrein noch drei Dramen und eine Erzählung zu verfassen, die allesamt Klassiker geworden sind. Dabei fällt es schwer zu entscheiden, was mehr zu bewundern ist: die Reife seiner Werke oder ihre Modernität. Keines seiner Dramen hat Büchner je auf der Bühne gesehen. Die Komödie *Leonce und Lena* wurde erst 1895, *Dantons Tod* 1902 und *Woyzeck* 1913 uraufgeführt. Seitdem aber gehören sie zum festen Bestand des lebendig gebliebenen Dramas. Woyzeck und die Titelfigur der Erzählung *Lenz* sind darüber hinaus in die Mythologie der Moderne eingegangen und stehen in einer Reihe mit Gestalten wie Parsifal, Hamlet, Don Quichotte, Robinson Crusoe, Don

Juan und Faust, die eine gleichsam kollektive Leseridentifikation auf sich ziehen.
Drei von Büchners Werken, nämlich *Danton*, *Woyzeck* und *Lenz*, sind dichterische Gestaltungen eines historisch dokumentierten Stoffes; eines welthistorischen Ereignisses, eines Kriminalfalles, von dem Büchner aus veröffentlichten Gutachten erfuhr, und einer Episode aus dem Leben des Sturm-und-Drang-Dichters Lenz, die Büchner durch ein privates Dokument bekanntgeworden war. In allen drei Fällen hat er sich eng an die Quellen gehalten und in erheblichem Maße daraus wörtlich zitiert. Dies hat etwas mit seinem poetischen Credo zu tun, das er in dem Brief vom 28. Juli 1835 an seine Familie ausformuliert hat:

> Der dramatische Dichter ist in meinen Augen nichts, als ein Geschichtsschreiber, steht aber *über* Letzterem dadurch, daß er uns die Geschichte zum zweiten Mal erschafft und uns gleich unmittelbar, statt eine trockne Erzählung zu geben, in das Leben einer Zeit hinein versetzt. [...]
> Seine höchste Aufgabe ist, der Geschichte, wie sie sich wirklich begeben, so nahe wie möglich zu kommen. [...]
> Wenn man mir übrigens noch sagen wollte, der Dichter müsse die Welt nicht zeigen wie sie ist, sondern wie sie sein solle, so antworte ich, daß ich es nicht besser machen will, als der liebe Gott, der die Welt gewiß gemacht hat, wie sie sein soll. Was noch die sogenannten Idealdichter anbetrifft, so finde ich, daß sie fast nichts als Marionetten mit himmelblauen Nasen und affektiertem Pathos, aber nicht Menschen von Fleisch und Blut gegeben haben [...]. Mit einem Wort, ich halte viel auf Goethe oder Shakespeare, aber sehr wenig auf Schiller.

Daß Büchner sich Shakespeare zum Vorbild genommen hatte, merkt man im *Danton* schon in den ersten Zeilen. Wie jener z. B. in *Romeo und Julia* den Zuschauer gleich mit der ersten Szene in das bunteste Gewimmel Veronas stößt und zwei Figuren einen mit Anzüglichkeiten gespickten Dialog führen läßt, so beginnt auch *Danton* mit einer Szene, in der der Titelheld am Spieltisch sitzt und Reden führt, die voll von makabren Frivolitäten sind. Seit dem Sturm und Drang war kein deutsches Stück mehr mit einem solchen Wirbel von Worten eröffnet worden. Aber es ist nicht die »Holla! Heida!«-Romantik von Klingers *Sturm und Drang* und auch nicht das expressionistische Staccato von Schillers *Räubern*. In Dantons Reden klingt kein steiles Pathos an, sondern das auf Null gestellte Pathos eines Drahtseilakrobaten, der unter sich den Abgrund sieht und sich wundert, daß er noch nicht abgestürzt ist. Shakespeare pflegte diese Nullebene in seinen Stücken durch den Mund von Narren, Wahnsinnigen oder weise gewordenen Totengräbern auszudrücken. Bei Büchner tut es der Titelheld selbst. In *Hamlet* wird erst im fünften Akt in der Totengräberszene gezeigt, wo der Held enden wird. In *Danton* beschreibt der Held selbst schon auf der ersten Seite das Grab als etwas, das dauerhaft die Ruhe verheißt, die er im Schoß der Geliebten sucht, zu der er sagt: »Ich liebe dich wie das Grab.« Und obwohl er das sinnliche Leben lustvoll in sich hineinschlingt, begleitet ihn von seinem ersten Auftritt an die heimliche Sehnsucht nach dem Grab. Doch in diese Sehnsucht mischt sich die Angst, daß nicht einmal das Grab die ewige Ruhe gewähren könne. Im dritten Akt kommt es zu folgendem Gespräch:

Danton: Ruhe.
Philippeau: Die ist in Gott.
Danton: Im Nichts. Versenke dich in etwas Ruhigeres, als Nichts und wenn die höchste Ruhe Gott ist, ist nicht das Nichts Gott? Aber ich bin Atheist. Der verfluchte Satz: etwas kann nicht zu nichts werden! und ich bin etwas, das ist der Jammer!
Die Schöpfung hat sich so breit gemacht, da ist nichts leer, Alles voll Gewimmels.
Das Nichts hat sich ermordet, die Schöpfung ist seine Wunde, wir sind seine Blutstropfen, die Welt ist das

Grab worin es fault. Das lautet verrückt, es ist aber doch was Wahres daran.

Camille: Die Welt ist der Ewige Jude, das Nichts ist der Tod, aber er ist unmöglich. Oh nicht sterben können, nicht sterben können, wie es im Lied heißt.

Danton: Wir sind Alle lebendig begraben und wie Könige in drei- oder vierfachen Särgen beigesetzt, unter dem Himmel, in unsern Häusern, in unsern Röcken und Hemden.

Wir kratzen fünfzig Jahre lang am Sargdeckel. Ja wer an Vernichtung glauben könnte! dem wäre geholfen.

(3. Akt, 7. Szene)

Danton fürchtet den Tod nur noch, weil er fürchtet, daß es kein wirklicher Tod sein könnte. Da dieser Gedanke von Anfang an das Stück durchzieht, kann gar keine steigende Handlung entstehen. Der Zuschauer sieht Danton auf dem Drahtseil und weiß, daß er stürzen wird, weil er stürzen will. Hier ist nichts mehr vom Aristotelischen Tragödienschema, kein Aufbäumen des Helden, kein Scheitern und infolgedessen auch keine Katharsis. In der klassischen Tragödie muß der Held eine Schuld mit seinem Untergang bezahlen. Aber sein Leiden übersteigt das Maß der Schuld, und durch diesen Überschuß wird er zuletzt doch noch rehabilitiert, so daß der Besucher befriedet und befriedigt das Theater verlassen kann. Dantons »Schuld« aber besteht nur darin, daß er sich im Gegensatz zu seinem Widerpart Robespierre der allgemeinen Blutschuld der Revolution bewußt ist. So ist er von allen der am wenigsten Schuldige. Aber gerade dieser Zweifel am Sinn des fürchterlichen Blutzolls der Revolution ist der Grund seiner Verurteilung. Die gleiche Umkehrung des klassischen Schemas erfolgt in dem Teil, der eigentlich die Katastrophe sein sollte; denn diese führt Danton nur einem Ende entgegen, das er von Anfang an erwartet und im tiefsten Grund seines Herzens ersehnt hat. Mit der gleichen zynisch-frivolen Respektlosigkeit, mit der sich Danton, Camille, Hérault und Philippeau in der ersten Szene im Salon über die Pervertierung der Revolution mokierten, betreten sie zuletzt das Blutgerüst. Dantons letztes Wort, als Hérault ihn umarmen will und vom Henker zurückgestoßen wird, lautet:

> Willst du grausamer sein als der Tod? Kannst du verhindern, daß unsere Köpfe sich auf dem Boden des Korbes küssen?
>
> (4. Akt, 7. Szene)

Hier wird noch einmal, wie am Anfang, der Tod mit einer letzten Liebeserfüllung gleichgesetzt.
Wenn das ganze Stück von der ersten Szene an darin besteht, daß Danton ohne Aufbäumen, ohne Gegenwehr, geradezu todessüchtig stetig und unaufhaltsam in sein Grab gezogen wird, dann wird man sich fragen müssen, ob dies tragisch genannt werden darf. Ginge es nur um Danton, so müßte man die Frage wohl verneinen. Die Literatur des 19. Jahrhunderts ist voll von nihilistischen Helden – angefangen mit den dämonischen Byron-Typen bis hin zu den immer müder und gelangweilter werdenden Dandys –, die in sinnlosen Heldentaten oder ebenso sinnlosen Duellen den Tod suchen, um endlich zur Ruhe zu kommen. Keiner von ihnen verdient das Epitheton tragisch. Dantons tragische Aura rührt von etwas her, das außerhalb der Handlung des Stükkes liegt und ihr vorausging: dem tragischen Scheitern der Revolution. Eine Bewegung, die den Menschen Freiheit, Gleichheit und Brüderlichkeit bringen sollte, endet in einem Blutbad, bei dem der Bruder zum Wolf für den Bruder gemacht, die Freiheit im Gefängnis erstickt und die Gleichheit mit der Guillotine hergestellt wird. Es ist die Menschheitstragödie einer gescheiterten Utopie. Utopisches Denken ist so alt wie das Menschengeschlecht. Wenn das, was den Menschen vom Tier unterscheidet, darin besteht, daß er dank der Vernunft sich selber immer voraus ist, so ist der utopische Selbstentwurf in die Zukunft das Wesen des Menschen schlechthin. Dabei gab es immer zwei gegensätzliche Richtungen, in die sich der Entwurf erstreckte. Das eine war

das hedonistische Verlangen nach persönlichem Glück, das andere der nur durch Verzicht und Askese zu verwirklichende Traum von einer gerechten, ethisch guten Gesellschaft. Die hedonistische Utopie hat ihren Archetypus in dem von allen Völkern geträumten Traum vom Schlaraffenland. Die asketische Gerechtigkeitsutopie wurde von Philosophen wie Platon, später dann von Thomas Morus und Francis Bacon sowie von religiösen Eiferern wie den Waldensern, Albigensern, Wiedertäufern und anderen chiliastischen Bewegungen verkündet. Im 18. Jahrhundert kam unter dem Einfluß der Aufklärung eine Bewegung auf, die Glück und Gerechtigkeit in einem neuen Gesellschaftsentwurf vereinigen wollte. Aus ihr ging der Sozialismus in allen seinen Spielarten hervor. Das Tragische an diesem utopischen Entwurf war aber, daß sich immer nur das eine auf Kosten des anderen verwirklichen ließ. Die Freiheit der Suche nach dem eigenen Glück, die die Amerikaner als »pursuit of happiness« in ihre Verfassung geschrieben haben, mußte notwendig zu den Ungerechtigkeiten des Kapitalismus führen, bei dem die Reichen auf Kosten der Armen leben. Die Gerechtigkeit des Gleichheitsprinzips hingegen läßt sich nur mit Zwangsmaßnahmen durchsetzen, die die Befriedigung des individuellen Glücksverlangens unterdrücken und die Menschen infolgedessen unglücklich machen. Danton und Robespierre sind die welthistorischen Exponenten dieses Dilemmas. Beide wollten eine bessere Welt, beide glaubten, daß man dieser besseren Welt den Weg mit Blut ebnen müsse. Aber Danton träumte den Traum der hedonistischen Glücksutopie. Er war schon mit dem Gewinn der Freiheit zur individuellen Glückssuche zufrieden. Robespierre träumte den Traum von der gerechten Gesellschaft. Die aber konnte er nur durch permanenten Terror erzwingen.

Robespierre *(zu Danton)*: Die soziale Revolution ist noch nicht fertig, wer eine Revolution zur Hälfte vollendet, gräbt sich selbst sein Grab. Die gute Gesellschaft ist noch nicht tot, die gesunde Volkskraft muß sich an die Stelle dieser nach allen Richtungen abgekitzelten Klasse setzen. Das Laster muß bestraft werden, die Tugend muß durch den Schrecken herrschen.

(1. Akt, 6. Szene)

Danton, der sich mit der Befreiung zur individuellen Glückssuche zufriedengibt und damit die Revolution nur zur Hälfte vollendet, gräbt sich in der Tat von der ersten Szene an sein Grab. Aber Robespierre, der die ganze Revolution will, gräbt der ganzen Revolution das Grab, indem er nicht nur das materielle Glück der Menschen zerstört, sondern mit dem Laster zugleich auch die Tugend vernichtet, die sich durch Ausübung von Gewalt diskreditiert.

Auch Robespierre kann in seiner Person nicht die ganze Tragödie der Revolution verkörpern. Während Danton nur Opfer ist, ist Robespierre nur Täter. Zum Wesen der Tragödie gehört aber, daß der Held Täter und Opfer zugleich ist. Diese Bedingung wird von keinem der beiden Protagonisten erfüllt. Sie wird aber erfüllt von der Revolution selber. Ihre unaufhaltsame Selbstvernichtung ist das eigentliche Thema des Stückes, und durch sie wird es zur Tragödie. Auch das bekannteste Zitat des Dramas, Dantons Ausspruch: »Die Revolution ist wie Saturn. Sie frißt ihre eignen Kinder« (1. Akt, 5. Szene), ist in diesem Sinne zu verstehen. Er wird manchmal so zitiert, als meinte er, daß auch die unter die Räder des gesellschaftlichen Fortschritts kommen können, die in die Speichen greifen, um ihn voranzutreiben. Mit diesem Trost ist mancher Sozialist zum Schafott gegangen und hat sich von dem System köpfen lassen, an das er immer noch glaubte. Aber der Satz heißt einfach, daß die Revolution, die sich nur in ihren Kindern fortsetzen kann, sich selber vernichtet, wenn sie jene frißt. *Danton* ist damit nicht die Tragödie eines Nihilisten, der den Glauben an den Sinn der menschlichen Existenz verloren hat und sich nach dem Grabe sehnt, es ist die Tragödie der Revolution, an deren Ziele auch Büchner noch glaubte, als er das Stück schrieb,

die er aber durch den blutigen Terror als für immer befleckt und diskreditiert ansah.
In unserem Jahrhundert wurden zwei Prosawerke geschrieben, die in ähnlicher Weise mit den gescheiterten Utopien des hedonistischen Traums vom Glück und des asketischen Traums von Gleichheit und Gerechtigkeit abrechneten: Huxleys *Schöne neue Welt* und Orwells *1984*. Huxley zeigt, wie die Utopie des *pursuit of happiness* sich in einen Sumpf stumpfsinniger Genußsucht verwandelt, während Orwell demonstriert, wie das Gleichheitsideal zunächst dazu führt, daß einige »gleicher sind als andere« (so in *Farm der Tiere*) und danach nur noch der Terror reiner Machtentfaltung herrscht. Huxleys Stoß zielte nach Westen auf den *American way of life*, während Orwell den stalinistischen Totalitarismus im Visier hatte. Letzterer ist von der Weltbühne verschwunden, während Huxleys Vision in vielen Punkten eingetroffen ist, vom Drogenkonsum bis hin zur Gentechnologie. Beide haben jeweils nur einen der beiden utopischen Fundamentalentwürfe durch eine Anti-Utopie ad absurdum geführt. Büchner hat beide Entwürfe in der Utopie der Französischen Revolution freigelegt und ihr tragisches Scheitern vorgeführt. Aber er hat dem Opfer dieses Scheiterns, nämlich Danton, nicht nur einen nihilistischen Lebensüberdruß in den Mund gelegt, sondern ein Plädoyer für die ganz gewöhnlichen Menschen, die »schlafen, verdaun, Kinder machen« und von niemandem zu ihrem Glück gezwungen werden wollen. Darüber hinaus aber gibt es nichts, worauf sich fester Glaube gründen könnte. Danton nennt sich einen Atheisten. Aber aus allen seinen Äußerungen spricht der gleiche weder hoffende noch verzweifelnde, sondern nur ratlose Agnostizismus, der uns heute aus Becketts *Warten auf Godot* vertraut ist. Deshalb wirkt der Abstand von über hundert Jahren zwischen Büchner und Beckett viel kürzer als die dreißig Jahre, die ihn vom Höhepunkt der deutschen Klassik trennen.

Friedrich Hebbel: Judith *(1840)*
Verdinglichung der Person und Werkzeug der Geschichte

Hebbel ist der sprödeste unter den großen deutschen Dramatikern. Keine seiner Figuren lädt zu unmittelbarer Identifikation ein, und auch seiner Sprache fehlt die einprägsame Rhetorik, die wir z. B. von Schiller gewohnt sind; von der poetischen Kraft eines Shakespeare ganz zu schweigen. Dennoch geht von seinen Stücken eine starke Wirkung aus. Sie rührt daher, daß er nicht – wie Shakespeare dies tut – das psychologische Potential seiner Figuren sich voll entfalten läßt, sondern es von Anfang an auf die Zuspitzung eines bestimmten Problems hin ausrichtet. Gelingt es einer Aufführung, dies Problembewußtsein bis zuletzt durchzuhalten, so können seine Stücke auch ohne den poetischen Glanz und die blutvollere Menschlichkeit, die man bei dem großen Briten oder bei Goethe findet, den Zuschauer in ihren Bann schlagen.

Liest man alle seine Stücke und betrachtet sie nebeneinander aus großer Distanz, so wird man feststellen, daß darin zwei Grundmuster – vielleicht sollte man eher sagen: Problemkonstellationen – ständig wiederkehren. Da ist zum einen die auffällige Tatsache, daß in allen seinen Tragödien – und nur sie haben literarischen Rang – Frauen als tragische Opfer im Mittelpunkt stehen, die sich in einer immer gleichen Situation befinden: sie werden von Männern wie Sachen behandelt, sei es als Sexualobjekt, sei es als Besitz oder als Figur auf dem politischen Schachbrett. So wird in *Genoveva* die Heldin von ihrem Gatten in die Obhut eines Mannes gegeben, der sie vergeblich mit seiner Leidenschaft bedrängt und sich für die Abweisung furchtbar an ihr rächt. In *Herodes und Mariamne* zwingt Herodes seine Frau zu dem Schwur, sich selbst zu töten, falls er in der Schlacht stirbt. Obwohl sie dies Ansinnen als beleidigend empfindet, legt sie nach anfänglicher Weigerung den Schwur ab. Aber Herodes stellt sie ohne ihr Wissen dennoch »unter das Schwert«, d. h., er gibt einem Diener den Befehl, sie im Falle seines Todes zu töten. Als er dies ein zweites Mal tut, fühlt sie sich so tief in ihrer Würde als Person verletzt, daß sie ihn bewußt dazu provoziert, sie hinrichten zu lassen. Noch schärfer wird das Problem der Verdinglichung der Person in *Gyges und sein Ring* thematisiert. Dort hat der König Kandaules eine wunderschöne Frau, die sich aber nach der altertümlichen Sitte des Landes niemandem zeigen darf. Da sein Freund Gyges einen Ring hat, der den Träger unsichtbar machen kann, drängt Kandaules den Freund, seine Frau einmal heimlich im Schlafgemach zu beobachten, um ihm bestätigen zu können, daß er eine unvergleichlich schöne Frau besitzt. Die Frau, die den fremden Blick gespürt hat, fühlt sich in ihrer Würde als Person so sehr verletzt, daß sie Gyges zwingt, den Ehemann im Duell zu töten und sie zu heiraten, um ihre Ehre wiederherzustellen, worauf sie sich anschließend tötet. In *Agnes Bernauer* wird die Heldin, die als Bürgerliche gegen den Willen des Herzogs von Bayern dessen Sohn geheiratet hat, aus politischen Gründen auf Geheiß des Herzogs getötet, ohne daß ihr Mann sich gegen den Vater auflehnt. Wieder wird die Frau nur als Sache, nicht als Person behandelt. Ähnlich verhält es sich in den *Nibelungen*, wo zuerst Brunhild als eroberter Besitz von Siegfried zum Tauschobjekt herabgewürdigt wird und anschließend Kriemhild um ihrer Rache willen sich selbst als Objekt an König Etzel weggibt, bis alles in dem bekannten Blutbad endet.

Das Schuldigwerden an der Person einer Frau war, wie es scheint, eine obsessive Vorstellung von Hebbel. Daneben läßt sich aber in seinen Stücken eine zweite Problemkonstellation beobachten, die mit der gleichen Beharrlichkeit wiederkehrt und die Hebbel sogar explizit zu einer Theorie ausgebaut hat. Es handelt sich dabei um die Vorstellung, daß mit dem tragischen Tod seiner Helden eine neue welthistorische Epoche eingeleitet wird. *Herodes und Mariamne* endet mit der Vorahnung des heraufziehenden christlichen Zeitalters. In den *Nibelungen* kündigt Dietrich von Bern am Schluß mit dem Satz »Im Namen dessen, der am Kreuz erblich« den Anbruch der neuen, nach-mythischen Zeit an. In *Gyges* wird nach dem Tod des Kandaules in das archaisch finstere Lydien die aufgeklärtere Sittlichkeit Griechenlands einziehen. In allen diesen Fällen drückt sich eine Geschichtsphilosophie aus, die Hebbel schon früh in seinen Tagebüchern konzipiert hat und die wesentlich um den Begriff des Tragischen kreist. Am 2. Februar 1841 notierte er:

> Leben ist der Versuch des trotzig-widerspenstigen Teils, sich vom Ganzen loszureißen und für sich zu existieren, ein Versuch, der so lange glückt, als die dem Ganzen durch die individuelle Absonderung geraubte Kraft ausreicht.

Diese Idee der Loslösung des Individuums aus dem Weltganzen und seiner tragischen Wiedereinschmelzung durchzieht sein Denken bis zu seinem Tode. Auf die Grundvorstellung der tragischen Spannung zwischen dem einzelnen und dem Ganzen setzte er unter dem Einfluß Hegels eine geschichtsphilosophische Sinngebung, die er im Vorwort zu *Maria Magdalena* (1844) folgendermaßen formulierte:

> Man hat mir die *Judith* und die *Genoveva* fast auf den Kopf gestellt, man hat mir in der ersteren namentlich das Moment, worin ihr ganzes Verdienst liegt, die Verwirrung der Motive in der Heldin, ohne die sie eine Katze, wenn man will, eine heroische, geworden oder geblieben wäre, und die Ableitung der Tat aus eben dieser Verwirrung, die nur dadurch eine tragische, d. h. eine *in sich*, des welthistorischen Zwecks wegen *notwendige*, zugleich aber das mit der Vollbringung beauftragte Individuum wegen seiner partiellen Verletzung des sittlichen Gesetzes *vernichtende*, werden konnte, zum Vorwurf gemacht, mir also geradezu die Tugend als Sünde angerechnet.

Was mag der Grund gewesen sein, daß Hebbel von diesen beiden Denkmotiven so besessen war: der moralisch schuldhaften Verdinglichung einer Frau und der geschichtsphilosophischen Rechtfertigung dieser Schuld? Die Vermutung liegt nahe, daß es sich um die Rationalisierung eines Schuldkomplexes handelt, an dem er sein Leben lang gelitten hat. Er hatte in jungen Jahren ein Verhältnis zu einer älteren Frau, Elise Lensing, die sich für ihn aufopferte, in mühevoller Handarbeit das Geld für einen Teil seiner Ausbildung verdiente, die sogar zwei Kinder von ihm hatte, die er aber nicht heiraten wollte, da sie ihm keine ebenbürtige Partnerin sein konnte. Nach seiner Eheschließung mit einer gutsituierten Schauspielerin schrieb er in einem Brief:

> Ich schauderte vor dem Gedanken, mein Leben an der Seite eines Frauenzimmers zu Ende bringen zu müssen, das ich nie geliebt und das dies immer gewußt hat [...]. Jedes Opfer darf man bringen, nur nicht das eines ganzen Lebens, wenn dies Leben einen Zweck hat, außer dem, zu Ende geführt zu werden. [...] Ein Weib, was einen Mann in seinen Armen verwesen sehen könnte und in dem Bewußtsein, ihn zu besitzen, wie man jede andere Sache besitzt, Ersatz fände, würde das Opfer des Mannes nicht verdienen, und ein anderes Weib würde ein solches Opfer nicht verlangen. Es gibt keine zweite Alternative.
>
> (Brief an Felix Bamberg vom 27. Juni 1846)

Hebbel wußte von Anfang an, daß er Elise nicht heiraten würde. Deshalb mußte er sich ihr gegenüber schuldig fühlen, da er sie als Stütze seines eigenen Lebens mißbraucht hatte. Gleichzeitig aber hat er sein Verhalten immer wieder als eine existentielle Pflicht gegenüber seinem Auftrag als Dichter zu rechtfertigen gesucht. Es spricht viel dafür, daß dies der psychologische Nährboden für seine beiden Lebensthemen war. Dabei ist vor allem bemerkenswert, daß es in seinen Werken immer Frauen sind, die unter der Rolle des verdinglichten Besitzes leiden und sich gegen das empören, wogegen er sich in seiner Beziehung zu Elise so heftig gewehrt hat, während er selbst sie nicht anders behandelte. Man ist versucht, darin eine subtile Form der Wiedergutmachung zu sehen.

In *Judith*, seinem ersten Drama, wird die oben beschriebene

Struktur in einer noch recht unscharfen Weise sichtbar, während sie in den späteren Stücken immer deutlicher hervortritt. Hebbel schrieb das Stück in bewußter Konkurrenz zu Schillers *Jungfrau von Orleans.* Was bei Schiller als ethisches Problem thematisiert ist, wird von Hebbel als Psychodrama gestaltet. Judith ist eine Witwe von eindrucksvoller Schönheit, die ihrem Mann als ein Engel von so einschüchternder Unantastbarkeit erschien, daß er die Ehe mit ihr nicht vollziehen konnte.

> Judith: Meine Schönheit ist die der Tollkirsche; ihr Genuß bringt Wahnsinn und Tod!
>
> (2. Akt)

So charakterisiert sie sich selber. Seit dem Versagen ihres Mannes in der Hochzeitsnacht »schaudert« es sie vor Männern; doch als sie von dem Supermann Holofernes hört, sagt sie: »Ich möcht ihn sehen!« Und sie redet sich selbst den göttlichen Auftrag ein, daß sie zu ihm gehen müsse, um ihre Stadt von ihm zu befreien. Doch wenn sie sagt:

> Jedes Weib hat ein Recht, von jedem Mann zu verlangen, daß er ein Held sei,
>
> (3. Akt)

weiß der Zuschauer, daß einem solchen Anspruch nur der unüberwindliche Holofernes genügen kann. Als sie zu ihm geht, spürt sie sogleich die Macht, die er über sie hat. Sie weiß, daß er der einzige ist, der als Mann ihrer Weiblichkeit ebenbürtig ist. Doch obwohl er ihren Reiz durchaus spürt, nimmt er sie als reines Sexualobjekt und läßt sie seine Geringschätzung obendrein noch deutlich spüren. Erst diese Erniedrigung reizt ihren Haß so sehr, daß sie imstande ist, ihn zu töten. Die Rettung ihrer Stadt vor dem Feind erfolgt also nicht auf Grund des göttlichen Auftrags, sondern aus persönlicher Rache dafür, daß der Mann sie in ihrer Ehre als Weib gekränkt hat. Die Heldentat wird damit zu einem privaten Mord. Judith weiß dies und läßt sich deshalb nur widerwillig als Heldin feiern. Zu ihren Mitbürgern sagt sie:

Mich trieb's, die Tat zu tun; an euch ist's sie zu rechtfertigen!

(5. Akt, Schlußszene)

Das endgültige Urteil überläßt sie Gott. Wenn sie dem Holofernes einen Sohn gebären sollte, will sie, daß man sie töte.

Ja, ich habe den ersten und letzten Mann der Erde getötet, damit du *(zu dem einen)* in Frieden deine Schafe weiden, du *(zu einem zweiten)* deinen Kohl pflanzen und du *(zu einem dritten)* dein Handwerk treiben und Kinder, die dir gleichen, zeugen kannst!

(ebd.)

Hier verkündet sie das Ende einer Heroenzeit, dem ein Zeitalter domestizierter menschlicher Gesellschaft folgen wird. Sie selber war das herausragende Individuum, das das Rad der Geschichte weitergedreht hat. Aber sie wurde als Person und als Frau von dem einzigen ihr ebenbürtigen Mann vernichtet, der in ihr eine bloße Sache sah, und möglicherweise folgt auch noch die Vernichtung ihrer physischen Existenz. Doch wenn ihr Volk sich der Vernichtung des Holofernes würdig erweist, wird das, was sie als »den rohen Griff in meine Menschheit hinein« bezeichnet, durch die Geschichte der Menschheit rehabilitiert werden. Während Holofernes noch in der unpersönlichen Welt des Mythos lebte, nahm Judith mit ihrem Anspruch auf personale Würde schon die Werte einer neuen Zeit vorweg. Ihre Tragik ist aber, daß ihr erster Mann Manasses, der diese ihre personale Würde respektierte, dadurch unfähig wurde, sie in der Hochzeitsnacht in Besitz zu nehmen, während der Held Holofernes, der sie bedenkenlos nahm und in dem sie den einzigen wirklichen Mann sah, ihre Würde in den Staub trat. Die Zukunft, so scheint es, wird Menschen von kleinerem Format, aber feinerer Sittlichkeit gehören. Damit wäre die Schuld an der zur Sache gemachten Frau gleichzeitig gebüßt und gerechtfertigt. Ist es eine allzu kühne Spekulation, zu vermuten, daß hier – wie auch in den späteren Werken –

– Hebbels Schuldgefühl gegenüber Elise zum Ausdruck kommt, die er in ihrer Person verletzt hatte, indem er sie als Mittel seiner eigenen Lebensgestaltung benutzte, so wie alle seine tragischen Heldinnen von Männern als bloße Mittel benutzt werden? Um diese moralische Schuld zu rechtfertigen, mußte er sie zu einer tragischen erklären und durch einen höheren, geschichtsmetaphysischen Zweck legitimieren. Darin aber, daß er den beleidigten Frauen den Status der großen leidenden Heldinnen verleiht und die Männer neben ihnen als eher schwächlich erscheinen läßt, beweist er die Aufrichtigkeit eines großen Dichters, der den Stoff seines Lebens in Weltdeutung verwandelt, ohne der Versuchung zu erliegen, daraus eine ideologische Selbstrechtfertigung zu machen.

Henrik Ibsen: Die Wildente *(1884)*
Antitragödie im Gewand eines Trauerspiels

Seit Shakespeare hat kein Dramatiker auf die Weltliteratur einen so nachhaltigen Einfluß ausgeübt wie Henrik Ibsen. Es dürfte kaum eine Literatur geben, in der er nicht seine Spuren hinterlassen hat. Das naturalistische Drama Europas ist ohne ihn nicht denkbar, und in Nordamerika ist er noch in Werken der jüngsten Vergangenheit, z. B. bei Arthur Miller und Tennessee Williams, als Vorbild zu erkennnen. Es mag etwas kühn sein zu behaupten, Ibsen habe das Drama revolutioniert. Aber in seinen Werken spiegelt sich die fundamentale Kehrtwendung des Denkens, die im 19. Jahrhundert stattfand. Bis zum Ausklang der Romantik waren die Philosophen darum bemüht, das menschliche Dasein ethisch und teleologisch zu bestimmen, d. h., sie versuchten, ihm einen metaphysischen Sinn zu geben, auf den hin das Leben des einzelnen wie der Gattung ausgerichtet ist. Im Mittelalter war das Telos durch den göttlichen Heilsplan vorgezeichnet; später trat an dessen Stelle der immer abstrakter werdende Begriff einer objektiven Vernunft, die sich in der realen Welt verwirklicht. Hegels Vorstellung von der Phänomenwerdung des Weltgeistes und deren linke, marxistische Variante, die die Geschichte als einen zielgerichteten Prozeß des Klassenkampfes ansah, begründeten zwar Ideologien, in denen sich das teleologische Prinzip fortsetzte, doch das tatsächliche Denken in der zweiten Hälfte des 19. Jahrhunderts orientierte sich nicht am Telos, sondern am Kausalprinzip, weniger an der Ethik als an der wissenschaftlichen Erkenntnis. Darwin und die Naturwissenschaften haben diese revolutionäre Wendung herbeigeführt, wobei man richtiger sagen sollte: sie waren die herausragenden Exponenten einer viel allgemeineren bewußtseinsgeschichtlichen Entwicklung.

Das Entscheidende an dem neuen Denken war, daß die erste Frage nicht mehr dem Wozu, sondern dem Warum galt. Mehr und mehr sahen die Menschen sich von Geburt an in ein System determinierender Kausalzwänge gestellt, dem sie nicht entkommen konnten. Wenn der einzelne die irdische Bühne betrat, auf der alles nach unerbittlichen Gesetzen ablief, waren auch für ihn selbst schon durch Vererbung und Milieu die Weichen gestellt. Und das ganze Leben folgte dem erbarmungslosen Gesetz, das Charles Darwin auf die Formel »survival of the fittest« gebracht hatte. Je mehr von diesen Gesetzmäßigkeiten durch die Wissenschaft aufgedeckt wurden, um so mehr wurde sich der Mensch seiner unentrinnbaren Abhängigkeit von solchen außerpersönlichen heteronomen Bestimmungen bewußt. Was für die alten Griechen die Moiren, die unergründlichen Schicksalsgöttinnen, waren, was die Menschen des Mittelalters als göttliche Vorsehung deuteten und was die Aufklärung als das Walten einer allgegenwärtigen Vernunft zu erklären versuchte, das empfand man jetzt als den Kausalzwang der Naturgesetze. Schon in Hebbels dunkler Geschichtsphilosophie gab es neben dem Telos einer neuen Zeit, deren Morgenröte sich am Ende seiner Stücke anzudeuten scheint, auch eine unerbittliche Schubkraft, die den Strom der Geschichte vorantreibt, in den die wie Eisstücke vereinzelten tragischen Individuen wieder eingeschmolzen werden. Dies Bild gebraucht er selbst in seinen Tagebüchern. In *Gyges und sein Ring* spricht am Schluß der König Kandaules, nachdem sein aufklärerischer Verstoß gegen die geheiligten Sitten die Tragödie heraufbeschworen hat, den ominösen Satz:

Drum, Gyges, wie dich auch die Lebenswoge
Noch heben mag – sie tut es ganz gewiß,
Und höher, als du denkst –: vertraue ihr
Und schaudre selbst vor Kronen nicht zurück,
Nur rühre nimmer an den Schlaf der Welt!

(5. Akt)

Von hier führt nur noch ein kleiner Schritt über die Schwelle der Jahrhundertmitte, und man ist in der Welt, deren Denken hinter den Dramen Ibsens steht. Zwei Dinge charakterisieren sein Bühnenschaffen: das Thema der Aufdeckung einer das Leben der Menschen stabilisierenden Lüge und die Form des analytischen Dramas, in dessen Verlauf diese Aufdeckung erfolgt. *Die Wildente* ist ein besonders geeignetes Beispiel, da er hier das Thema der Lebenslüge durch die Figur des Arztes Relling explizit erörtern läßt. Die Handlung beginnt wie ein Kriminalstück. Durch das Arbeitszimmer eines herrschaftlichen Bürgerhauses blickt man in einen festlichen Speisesaal, in dem ein großes Diner im Gange ist. Aus dem Munde eines Dieners erfährt man, daß der Hausherr das Diner zu Ehren seines Sohnes gibt, der sich schon seit vielen Jahren nicht mehr im Hause hatte blicken lassen. Damit ist die Neugier des Zuschauers geweckt, und es folgt jetzt eine Kette immer deutlicher werdender Verdachtsmomente und unheilverkündender Signale. Gregers Werle, der »verlorene Sohn«, für den die Soiree veranstaltet worden ist, war der dreizehnte Gast bei Tisch. Sein Freund Hjalmar Ekdal, um dessen Einladung er ausdrücklich gebeten hatte, bezieht das Omen auf sich und sagt zu dem Freund: »Du hättest mich nicht einladen sollen.« Außerdem war während des Diners der alte Ekdal, Hjalmars Vater, aufgetaucht und mußte durch einen Diener auf eine sonderbar geheimnistuerische Weise von der Bildfläche geschafft werden. Damit ist die Neugier zur Genüge geweckt, und es bedarf jetzt nur noch eines Detektivs, der den losen Faden aufnimmt und so lange daran zieht, bis alle Nähte aufreißen und das Geheimnis zum Vorschein kommt.

Der verborgene Sachverhalt, der im Verlauf des Stückes nach und nach zutage gefördert wird, tritt mit jedem Schritt klarer hervor, zumal das Problem während der Handlung von den Personen selbst diskutiert wird. Am Anfang, Jahrzehnte vor Beginn des Stückes, hatten der alte Werle und der alte Ekdal als Geschäftspartner zusammengearbeitet. Dabei besorgte Werle das Geschäftliche, während Ekdal als leidenschaftlicher Jäger oben beim Sägewerk die Rodung des Waldes betrieb. Dabei vergriff er sich, aus ungeklärten Gründen, am Staatsforst, kam ins Gefängnis, verlor sein Leutnantspatent und blieb danach ein gebrochener Mann. Werle, der währenddessen zum reichsten Mann der Gegend aufstieg, ließ dem einstigen Partner gelegentliche Schreibaufträge zukommen, ermöglichte dessen Sohn die Einrichtung eines Foto-Ateliers und verkuppelte ihn mit seinem Dienstmädchen Gina Hansen. Werle legt weiterhin ein Verhalten an den Tag, als habe er an den Ekdals etwas gutzumachen. Sein Sohn, der den Vater so lange gemieden hatte, weil seine Mutter von ihm betrogen und unglücklich gemacht worden war, deckt nun Zug um Zug das Geheimnis auf. Er sieht, wie die Ehe seines Freundes Hjalmar auf lauter Lügen aufgebaut ist. Da ist die uneingestandene Schuld Werles gegenüber dem alten Ekdal, von der dieser gar nichts weiß. Dann hat Werle sein Dienstmädchen mit Hjalmar verkuppelt, weil er mit ihr ein Verhältnis hatte und eine Schwangerschaft befürchtete. Aus diesem Grunde finanzierte er auch das Foto-Atelier für Hjalmar. Dieser wiederum ist ein eitler, willensschwacher Mann, der die Zuwendungen des alten Werle dankbar annimmt und sich ansonsten in eine Illusionswelt einspinnt. Seit Jahren arbeitet er an einer Erfindung, von der er nicht einmal genau weiß, was sie eigentlich bezweckt, während seine praktische Frau den Haushalt versorgt und das Atelier betreibt. Dem Haushalt gehört außerdem der geistig verwirrte alte Ekdal an, der auf dem an die Dachwohnung angrenzenden Boden Hühner, Tauben und Kaninchen hält, dort außerdem ein paar ausgediente Weihnachtsbäume aufgestellt hat, so daß er von Zeit zu Zeit in einem imaginären Wald auf die Jagd gehen und ein Kaninchen erlegen kann, das er dann so stolz präsentiert wie die neun Bären, die er als junger Leutnant erlegt hatte. Die wichtigste Figur in dieser Illusionswelt ist eine Wildente, die der alte Werle auf der Jagd angeschossen und die sein Jagdhund verletzt vom Meeresgrund hochgeholt hatte. Sie war auf Umwegen als Geschenk in die Obhut Hedwigs, der vierzehnjährigen Tochter Hjalmars, gekommen, die das Tier abgöttisch liebt.

In der so aufgebauten Grundkonstellation stehen sich zwei Welten gegenüber: die harte, rationale, zweckorientierte Welt des erfolgreichen Geschäftmannes Werle und die Illusionswelt der Ekdals, die die Freiheit der Natur und die irrationalen Gefühlswerte des Abenteuers, des Adels und der Kultur in ihre Welt hinüberzuretten versuchen, diese Werte aber nur in einer völlig denaturierten, verlogenen Form konservieren können. Der wilde Jäger von einst ist ein verwirrter alter Mann, der auf Hauskaninchen schießt. Der hoffnungsvolle Student Hjalmar, den alle für ein großes Licht hielten, wird ein armseliger Fotograf, der nicht einmal diese Kunst beherrscht und sie lieber seiner Frau überläßt. Alles, was an dieser anachronistischen Wertwelt einmal edel, kühn und von natürlicher Grazie war, ist jetzt unter den Bedingungen der bürgerlichen Geschäftswelt schwächlich, eitel und verlogen. Während der alte Ekdal als gebrochener Mann noch ein gewisses Mitleid auf sich zieht, läßt Ibsen an Hjalmar nichts Gutes. Er erscheint nicht einmal als versponnener, lebensuntüchtiger Idealist, sondern nur als eitler, egoistischer Schwächling. Umgekehrt gewinnt der harte Werle im Verlauf des Stückes ein immer positiveres Profil, obwohl gerade er derjenige ist, der durch sein Handeln das verhängnisvolle Geschehen bis hin zum Abschuß der Wildente in Gang gesetzt hat. Zwischen den beiden Welten steht Gregers, der junge Werle. Er ist eine von jenen Ibsenschen Figuren, die Friedrich Luft einmal als »Weltentrümpler« bezeichnet hat. Mit erbarmungslosem Rigorismus stellt er an die Menschen »die ideale Forderung«. Als selbsternannter Sozial- und Seelentherapeut macht er es sich zur Lebensaufgabe, seinen Freund Hjalmar aus seiner Illusionswelt zu reißen und ihn zu einer großen Abrechnung mit seinem ganzen bisherigen Leben zu bringen, einer

> Abrechnung, auf die sich eine ganz neue Lebensführung gründen soll, – eine Lebensführung, ein Zusammenleben in Wahrheit und ohne Heimlichkeiten.
>
> (4. Akt)

Aus der gleichen Schwäche heraus, aus der Hjalmar es sich in dem Lügengewebe wie in einer Hängematte bequem gemacht hat, läßt er sich nun auch in das Netz des emanzipationswütigen Gregers einspinnen. Mit einer sich selbst zelebrierenden heroischen Geste macht er den halbherzigen Versuch, sich auf die eigenen Füße zu stellen, die Abhängigkeit von Werle, die er bis dahin nicht hatte wahrhaben wollen, abzuschütteln und seiner Frau ihre Vergangenheit vorzuhalten. Doch als ihm endlich dämmert, was er bis zuletzt zu verdrängen versucht – obwohl im Laufe des Stücks sich ein Verdachtsmoment an das andere fügt –, daß nämlich Hedwig nicht seine Tochter, sondern Werles ist, da bricht das ganze Korsett seiner Lebensstrategie zusammen. Anstatt, wie Gregers es ihm eingeredet hatte, mit großmütig verzeihender Geste die Beziehung zu seiner Frau neu aufzubauen, verläßt er, wiederum nur halbherzig, seine Familie und stößt seine Tochter gefühllos von sich. Die verstörte Hedwig, der Gregers eingeredet hatte, sie müsse ihrem Vater durch ein großes Opfer ihre Liebe beweisen, indem sie die Wildente, das symbolische Zentrum des ganzen Lügengewebes, tötet, erschießt statt dessen sich selbst. Als Anwalt des klaren, kalten und in gewisser Weise zynischen gesunden Menschenverstands tritt ein heruntergekommener Arzt namens Relling auf, der das »Rechtschaffenheitsfieber« von Leuten wie Gregers für ein Unglück der Menschheit hält:

> Nehmen Sie einem Durchschnittsmenschen die Lebenslüge, und Sie nehmen ihm zu gleicher Zeit das Glück.
>
> (5. Akt)

Die besondere Ironie liegt darin, daß Gregers selber in einer Lebenslüge befangen ist. Er sieht in dem Schwächling Hjalmar ein verkanntes geistiges Licht und möchte in ihm Qualitäten bewundern, die dieser gar nicht hat. Auch dies wird von Relling ausgesprochen:

> [. . .] und dann, was schlimmer ist [als das Rechtschaffenheitsfieber] – taumeln Sie fortwährend in einem Vergötterungsdelirium; immer müssen Sie etwas zu bewundern haben außerhalb Ihrer eigenen Angelegenheiten.
>
> (5. Akt)

Den Gipfel der Ironie erreicht das Stück darin, daß ausgerechnet der alte Werle mit der Witwe Sörby das Ideal einer Ehe in vollkommener gegenseitiger Offenheit verwirklicht, das seinem Sohn und Gegner vorschwebt. Werle war ein kühler, berechnender Geschäftsmann, der an seiner Frau, am alten Ekdal und an Hedwigs Mutter schuldig geworden ist, der aber mit seinen Mitteln versucht hat, die Schuld zu begleichen, und sich bis zuletzt um eine Verständigung mit seinem idealistisch verstockten Sohn bemüht. So steht der Mann, der auf Kosten der anderen seinen Vorteil verfolgt hat, durch sein pragmatisch-rationales Verhalten am Ende moralisch besser da als der schwächliche, sich selbst bemitleidende Hjalmar und der verblendete Idealist Gregers, der die Menschen zu ihrem Glück zwingen will und es gerade dadurch zerstört. Der andere, der mit seinen Ansichten recht behält, ist Relling. Aber seine Nachsicht gegenüber der Schwäche der Menschen ist zu sehr von Zynismus geprägt, als daß ihn der Zuschauer ähnlich positiv empfinden würde wie Werle.

Damit stellt sich die Frage, wer in diesem tragischen Stück der Held ist. Ist es überhaupt eine Tragödie? Der Zuschauer würde wohl spontan Hedwig als die tragische Heldin bezeichnen. Aber sie ist ein vollkommen unschuldiges Opfer und kann als solches nicht Zentrum einer Tragödie sein. Eine Märtyrerin ist sie aber auch nicht, da sie sich für etwas Wertloses opfert. Überhaupt bleibt unklar, ob sie sich selbst, verwirrt durch die idealistischen Phrasen Gregers, dem Vater zum Opfer bringt oder sich nicht vielmehr aus Verzweiflung umbringt, weil sie die geliebte Wildente nicht töten kann. In beiden Fällen wäre sie nur die Heldin eines Melodramas. Die Wildente ist das unschuldige Tier, das sich im Todeskampf auf den Grund des Meeres flüchtete, um dort in Würde zu sterben. In dieser Würde der unversehrten Unschuld stirbt auch Hedwig, bevor sie ihr Leben in einem würdelosen Lügengewebe hätte zubringen müssen, so wie die gerettete Wildente in dem Pseudoparadies auf dem Dachboden dahinvegetiert. Erst recht nicht wird man den Schwächling Hjalmar als tragischen Helden ansehen, da Ibsen die Sympathie des Zuschauers so lenkt, daß das anfängliche Mitleid mit ihm mehr und mehr in Verachtung übergeht. Auch dem mitleiderweckenden alten Ekdal fehlt jede Fallhöhe, um tragisch zu wirken. Gregers, der verblendete Idealist, hätte andererseits die Fallhöhe gehabt, wenn er statt des fremden Glücks sein eigenes zerstört hätte. So bleibt am Ende nur der alte Werle, der etwas von der Aura des Tragischen hat. Er muß seine vergangenen Sünden abbüßen, wobei alle Versuche der Wiedergutmachung in ihr Gegenteil umschlagen. Aber gerade er erreicht für sich selber das, wozu sein Sohn andere Menschen zwingen will. Hjalmar, das Opfer dieser Vergewaltigung durch ein Ideal, sagt es dem Idealisten ins Gesicht:

> Dein Vater und Frau Sörby gehen doch jetzt eine Ehe ein, die auf volles Vertrauen gegründet ist, auf ganze und unbedingte Offenheit von beiden Seiten; sie bemänteln nichts voreinander; keinerlei Heimlichkeit steckt hinter

dem Verhältnis; es ist zwischen ihnen – wenn ich mich so ausdrücken darf – eine gegenseitige Sündenvergebung verkündet worden.

(4. Akt)

Daraus kann man eigentlich nur die Konsequenz ziehen, daß von Tragik hier nicht gesprochen werden darf. Im Gegenteil, das Stück ist eine Absage an das, was das Wesen der Tragik ausmacht, nämlich an den bewundernswerten, aber verstockten Trotz des Helden, der gegen alle Vernunft sich selber treu bleibt und daran zugrunde geht. Es ist so, als hätte Shakespeare den Hamlet in einen tatenlosen Schwächling namens Hjalmar und einen fanatischen Moralisten namens Gregers aufgespalten und den König Claudius in der Figur des alten Werle zum Sympathiezentrum gemacht. In Ibsens Dramen geht es weder um die trotzige Auflehnung gegen das Geschick noch um die Hybris eines maßlosen Menschen, sondern um die Emanzipation von den determinierenden Zwängen, in die der Mensch hineingeboren und denen er ständig von neuem ausgesetzt ist. Sie sind damit dem klassischen Tragödientypus genau entgegengesetzt, selbst da, wo – wie in *Rosmersholm* – die Emanzipation durch den selbstgewählten Tod erfolgt. In Ibsens Welt bleibt dem mutigen Menschen, der sich weder in die Lebenslüge flüchtet noch in rigiden Moralismus, immer der Ausweg tätiger Reue und damit der Selbstbefreiung.
Bei Gerhart Hauptmann, den wir als nächsten betrachten wollen, sieht dies ganz anders aus. Seine Helden hängen wie Marionetten an einem Faden, der zu einem unergründlichen Fatum hinauf-(oder hinab-)reicht. Deshalb gelingt es ihm als dem vielleicht letzten großen Dramatiker noch einmal, tragische Wirkung zu erzielen. In Ibsens Stück sagt Hjalmar:

Aber ich komme nicht darüber hinweg, daß bei dieser ganzen Geschichte etwas ist, das mein Rechtsbewußtsein verletzt und kränkt. Es sieht doch gerade so aus, als gäbe es überhaupt keine gerechte Weltordnung.

(4. Akt)

Den letzten Satz kann man sinngemäß immer wieder bei Gerhart Hauptmann finden. Dort wird er von den tragischen Helden gesprochen, deren Vertrauen in die Weltordnung fundamental erschüttert worden ist. Hier aber kommt der Satz aus dem Munde eines Schwächlings, der sich um sein Recht nie gekümmert hat.

Gerhart Hauptmann: Die Ratten. Eine Berliner Tragikomödie *(1911)* *Der Riß durch den Grund der Welt*

Gerhart Hauptmann war der größte Menschengestalter des deutschen Dramas in diesem Jahrhundert. Dennoch hat sich sein Ruhm ein wenig verdunkelt, und seine Stücke sind nur noch selten auf der Bühne zu sehen. Das hat zum einen damit zu tun, daß das psychologisch-realistische Identifikationstheater, dessen herausragender Vertreter er war, inzwischen weitgehend einer Provokationsdramaturgie gewichen ist, die mit Verfremdungen und schockartigen Effekten arbeitet und der subjektiven Einfühlung in die dramatischen Figuren mißtraut. Im Fall von Hauptmann kommt aber noch ein zweites Handicap hinzu. Seine wirkungsvollsten Stücke, deren erschütternde Menschenschicksale auch heute noch den Zuschauer ergreifen würden, sind größtenteils im schlesischen Dialekt geschrieben, den kaum noch ein Schauspieler authentisch sprechen kann und der heute auf den Zuschauer die genau entgegengesetzte Wirkung hat, die ursprünglich intendiert war. Hauptmann bediente sich des Dialekts, gerade weil er dadurch eine gesteigerte Authentizität erreichen wollte. Der Dialekt war unverbraucht, frei von gestanzten Phrasen und näher an den existentiellen Problemen, die in den Figuren Gestalt annahmen. Anders als bei Schiller oder Hebbel geht es bei Hauptmann nicht um das Herausarbeiten einer bestimmten Problemstruktur mit den Mitteln sprachlicher Dialektik, sondern um ein in allen

Stücken immer wieder thematisiertes Grundgefühl des Ausgeliefertseins an eine unverständliche, erbarmungslose Weltordnung. In seinen großen Tragödien wird dieses Gefühl durch die leidenden Helden in der Form des Verstummens erlebt. Sie räsonieren nicht, klagen nicht, bäumen sich nicht einmal auf, sondern beugen sich stumm unter den Ratschluß eines unbekannten Gottes, der mit sich selbst im Streit zu liegen scheint. Solche unartikulierte Hilflosigkeit läßt sich durch den Sprecher eines erdnahen, auf jede Abstraktion verzichtenden Dialekts viel wirkungsvoller ausdrücken als durch abstrakte Dialektik. Wenn aber der Dialekt, wie im Falle des Schlesischen, gar nicht mehr bekannt ist, muß er dem Publikum als artifizielle Sprache erscheinen, so daß das Gegenteil der intendierten Wirkung erreicht wird.

Das Stück *Die Ratten* hat gegenüber den schlesischen Tragödien *Die Weber*, *Rose Bernd* und *Fuhrmann Henschel* den Vorzug, daß es in einem Berliner Mischdialekt geschrieben ist, der zwar eher dem Regionaldialekt des Berliner Umlandes entspricht, aber doch dem Stadtslang nahe genug ist, um für ein modernes Publikum noch aufnehmbar zu sein. Das Stück läßt schon im Titel den Einfluß Ibsens ahnen. Wie der große Skandinavier stellt auch Hauptmann seine realistische und sozialkritische Fabel in ein symbolisches Bezugssystem. Schauplatz der Handlung ist eine zum Mietshaus umfunktionierte Berliner Kavalleriekaserne. Im Dachgeschoß des Hauses befindet sich der Fundus des ehemaligen Theaterdirektors Hassenreuter, der als verkrachte Existenz sich selbst samt Frau und Tochter mit Kostümverleih und Schauspielunterricht mühsam über Wasser hält. Im alten Plunder der Überreste seines einstigen Theaters hausen jetzt die Ratten. Im Stockwerk darunter, dem zweiten des Hauses, wohnt der Maurerpolier John, der in Altona arbeitet und nur selten zu Hause ist, während seine kinderlose Frau sich als Putzfrau bei Hassenreuter mit der Pflege des Theaterfundus ein Zubrot verdient. Das Stück beginnt auf dem Dachboden, der in den Bühnenanweisungen bis in die kleinsten Details exakt beschrieben wird. Danach heißt es weiter:

> Frau John, über Mitte der Dreißig hinaus, und das blutjunge Dienstmädchen Piperkarcka sitzen am Mitteltisch. Die John, den Oberkörper weit über den Tisch gelehnt, redet lebhaft auf das Dienstmädchen ein. Die Piperkarcka, dienstmädchenhaft aufgedonnert, mit Jakkett, Hut und Schirm, sitzt aufrecht. Ihr hübsches rundes Lärvchen ist verweint. Ihre Gestalt zeigt Spuren noch nicht vollendeter Mutterschaft. Sie malt mit der Schirmspitze auf der Diele.
>
> (Bühnenanweisung 1. Akt)

In der anschließenden Unterredung versucht Frau John, das Dienstmädchen dazu zu bewegen, ihr das Kind zu überlassen, das sie erwartet. Mitten in die Unterredung platzt Bruno, der heruntergekommene Bruder von Frau John, der im Tiergarten übernachtet und von dem Geld lebt, das ihm die Schwester zusteckt. Im Fortgang der Handlung bringt Frau John das Mädchen mit einem Geldangebot und erpresserischen Drohungen dazu, ihr das Kind abzutreten, das sie ihrem Mann gegenüber als das ihre ausgibt. Das Mädchen aber kehrt bald darauf zurück und will das Kind sehen. Frau John kämpft jetzt mit skrupellosen Mitteln um das Kind. Sie scheint das Spiel fast gewonnen zu haben, als die Piperkarcka das kränkliche Kind der Frau Knobbe im selben Haus für das ihre hält. Da nimmt die Tragödie ihren verhängnisvollen Lauf. Bruno wird von Frau John beauftragt, das Mädchen unter Druck zu setzen, doch in einer Anwandlung von Brutalität bringt er sie um. Durch die polizeilichen Ermittlungen kommt nun auch der Kindeshandel ans Licht.

Dies ist die tragische Handlung des Stückes, die von einer komischen begleitet wird, in der Direktor Hassenreuter mit seinem Schauspielermilieu im Mittelpunkt steht. Der eigentliche Held der zweiten Handlung ist aber Erich Spitta, Sohn eines bigotten Landpastors und Kandidat der Theologie, der als Hauslehrer Walburgas, der Tochter des Theaterdirektors, sich in diese verliebt hat und selber Schauspieler werden will, da er die moralische Engherzigkeit des Elternhauses und die »ganze kalte, herzlos-böse Moralpfafferei der Welt« nicht länger ertragen kann. Hassenreuter, ein Bismarckverehrer und optimistischer Propagandist der geheiligten Werte des deutschen Bildungsbürgertums, wird trotz seiner unkritischen Identifizierung mit dem verlogenen, über das Elend der Welt pathetisch hinwegdeklamierenden bürgerlichen Kulturbegriff nicht unsympathisch gezeichnet. Er ist geistreich, schlagfertig, nicht unterzukriegen, und erhält am Ende erneut den Posten eines Theaterdirektors. Spitta, in dessen Ehrlichkeits- und Wahrheitspathos sich sicher der Autor selbst ausdrückt, ist alles andere als komisch. Er entspricht jenen Ibsenschen Weltentrümplern, von denen wir im vorangegangenen Kapitel sprachen. Als Figur der komischen Nebenhandlung, die parallel zur tragischen Haupthandlung abläuft, stellt Spitta gewissermaßen das Bindeglied zwischen beiden dar. Er hat Tragik im engsten Familienkreis erlebt. Seine schöne Schwester wurde durch das bigotte Elternhaus erst ins Unglück und dann in den Selbstmord getrieben, und er selbst steht vor den Trümmern eines gescheiterten Lebensentwurfs. Aus seiner Liebe zu Walburga und aus seiner Hinwendung zur Schauspielerei erwachsen ihm jedoch Kräfte, die man dem blutarmen Bürschchen kaum zugetraut hätte. Als Charakter vermag Spitta psychologisch nicht ganz zu überzeugen. Hauptmann brauchte an dieser Stelle eine Figur, die einerseits die intellektuelle Klarheit des Theaterdirektors hat, doch ohne dessen naive Affirmation des Bestehenden, andererseits aber auch die erstickende Enge kennt, an der Frau John zugrunde geht.

Hauptmann hat das Stück »eine Berliner Tragikomödie« genannt. Der Zuschauer aber wird es wohl primär als eine Tragödie erleben, die durch den Bezug zur komischen Parallelhandlung einen makabren Grundzug erhält und dadurch in der tragischen Wirkung eher gesteigert als gemildert wird. Die drastische Realistik der Handlung und der volkstümliche Dialekt der meisten Dialoge lassen allzu leicht übersehen, daß Hauptmann hier ein kompliziertes System symbolischer und sozialkritischer Bezüge entfaltet hat. Von der untersten Schicht des sozialen Abschaums bis hinauf zum Hochadel ist das ganze Panorama der ausgehenden Kaiserzeit gegenwärtig. Der Kaiser selbst wird mehrmals erwähnt. Jede Figur hat ein unterschiedliches Verhältnis zum gesellschaftlichen System, in dem sie lebt. Hassenreuter identifiziert sich mit der Kulturideologie des Bürgertums. Selbst als Ex-Theaterdirektor genießt er Ansehen und kultiviert den Lebensstil des gebildeten Bürgers, hält sich einen Hauslehrer und geht, mit Orden behängt, zu Seiner Durchlaucht zum Tee. Die Ratten aber, die ständig in seinem modrigen Theaterplunder herumhuschen, signalisieren die Brüchigkeit dieses Kulturrelikts, das in einer ausgedienten Kaserne Zuflucht gefunden hat. Aber auch der Handwerker John wohnt dort mit seiner Frau. Er teilt zwar nicht Hassenreuters Bismarckbegeisterung, war aber Soldat für König und Vaterland und wünscht sich das gleiche für seinen erhofften Sohn. Als er dann einen hat, ist er »jar nich so wilde druf, det ick ihm mechte womeglich als Kanonenfutter in den Krieg schicken«. Seine Frau ist eine ehrbare Kleinbürgerin; die ihr vorgezeichnete Rolle als Mutter hat sie so verinnerlicht, daß sie sie bei ausbleibender Schwangerschaft schließlich sogar mit einem gekauften Kind auszufüllen versucht. Des weiteren wohnt in dem Haus die Witwe Knobbe, Tochter aus adligem Hause, die wegen eines Fehltritts aus der guten Gesellschaft ausgestoßen wurde und jetzt »unterirdisch« lebt. »Ich brauche den Sumpf, wo ich gleich und gleich mit dem Abschaum der Menschheit bin.« Doch aus Scham darüber flüchtet sie in den Morphiumrausch und träumt sich zurück in die bessere Welt. Noch tiefer steht Pauline Piperkarcka, das polnische Dienstmädchen, das, modisch »aufgedonnert«, in der Gesellschaft Fuß zu fassen versucht. Da sie nichts besitzt, klammert sie sich an den einzigen Rechtsanspruch, den sie geltend machen kann, an ihr Kind, obwohl dieses ihr nur eine Last wäre. Auf der untersten Ebene steht Bruno, der haltlose, arbeitsscheue und gänzlich skrupellose Bruder der Frau John. Aber auch er tötet die Piperkarcka nicht aus Mordlust, sondern eher aus einer ängstlichen Verwirrung heraus und empfindet die Tat als eine Steigerung seines Selbstwertgefühls. Ohne jegliche Gewissensbisse sagt er nach der Tat zu seiner Schwester:

> Mit Brunon is nich zu spaßen, Jette. Wenn de zu Minnan hinjehst, denn sache, det ick ma ooch uff so wat vastehe und det mit Karln und Fritzen det Jehänsel 'n Ende hat.
>
> (4. Akt)

Alle bisher genannten Charaktere versuchen sich in irgendeiner Form mit der Gesellschaftsordnung zu arrangieren, indem sie sich zumindest an den für ihre Schicht geltenden Normen orientieren. Der einzige, der ausbricht und ein selbstbestimmtes Leben zu leben versucht, ist Spitta. Als der einzig positive unter all diesen beschädigten Charakteren stellt er für den Schauspieler die undankbarste Rolle dar. Hassenreuter kanzelt ihn einmal mit den folgenden Worten ab:

> Sie sind eine Ratte! aber diese Ratten fangen auf dem Gebiet der Politik – Rattenplage! – unser herrliches neues geeinigtes Deutsches Reich zu unterminieren an. Sie betrügen uns um den Lohn unserer Mühe! und im Garten der deutschen Kunst – Rattenplage! – fressen sie die Wurzeln des Baumes des Idealismus ab: sie wollen die Krone durchaus in den Dreck reißen. – In den Staub, in den Staub, in den Staub mit euch!
>
> (3. Akt)

Daß ausgerechnet die Figur, deren Ansichten am ehesten mit denen des Dichters übereinstimmen dürften, als Ratte bezeichnet wird, während umgekehrt die menschliche Ratte Bruno am Anfang als Rattenjäger auftritt, gibt dem Titelsymbol eine eigentümliche Ambivalenz. Spitta hält in dem Stück sicher die moralisch richtige Position. Aber mit seiner Figur ist nicht das aufklärerische Pathos der Ibsenschen Weltentrümpler verbunden. Hauptmanns Weltsicht ist viel düsterer. Wie in fast allen seinen Stücken stößt man auch hier immer wieder auf Aussagen, die als Ursache allen Übels einen Riß durch den Grund der Welt erkennen lassen. Gleich im ersten Akt sagt Frau John zur Piperkarcka:

> Det sach' ick ja, det kommt, weil der Deibel unsern Herrn Christus Heiland noch immer ieber is.

Und im fünften Akt, als das Netz sich um sie zusammenzieht, hat sie die für Hauptmanns tragische Helden so charakteristischen Momente geistiger Hellsichtigkeit, als sähe sie etwas, das ihr die Sprache verschlägt. Während ihr Mann davon spricht, daß er Bruno der Gerechtigkeit ausliefern wolle, sagt sie:

> Mach du Rotznäsen wat wees von Jerechtigkeet. Jerechtigkeet is noch nich ma oben in Himmel.

Solche Aussagen kehren in abgewandelter Form in Hauptmanns Tragödien ständig wieder. Und bis hin zur späten Atridentetralogie prägt sich dabei immer deutlicher eine Weltsicht aus, die die Menschheitsgeschichte als ein Fortschreiten von Schicksal zu Schicksal, von Schuld zu Schuld ansieht. So scheint es kein Zufall zu sein, daß nicht nur Bruno, der unterste in der moralischen Rangordnung, mit den Ratten verknüpft wird, sondern auch Spitta, der oberste, der als intellektuelle »Ratte« an der bevorstehenden Umwälzung mitwirken wird. Doch diese Umwälzung wird keinen Fortschritt, keine Befreiung, keine Aufklärung bringen; denn der eigentliche Riß geht nicht durch die Gesellschaft, sondern durch den Grund der Welt.
Sieht man Hauptmanns Stück auf der Bühne, so wird man zunächst nur das soziale Engagement für die leidenden Menschen spüren, das dem Autor die Bezeichnung »Dichter des Mitleids« eingebracht hat. Erst wenn man sein Gesamtwerk kennt und darin die ständig wiederkehrenden tragischen Konstellationen sieht, wird man am Ende vielleicht doch zu der Überzeugung gelangen, daß es sich hier um eine über das Gesellschaftliche hinausgehende tragische Welt-

sicht handelt. Der Berliner Germanist Wilhelm Emrich hat dies in einem kurzen Aufsatz überzeugend dargelegt (s. Literaturverzeichnis). Dann freilich kann auch die Figur Spittas ins Komische gezogen werden. Er wäre dann nur ein gutwilliger Narr, dessen Ansichten den Vorzug haben, daß sie noch nicht, wie diejenigen Hassenreuters, durch ein bestehendes Gesellschaftssystem kompromittiert sind. Eine solche komische Relativierung würde dem Stück bei einer Aufführung gut bekommen und der Ambivalenz des Titelsymbols zu größerem Nachdruck verhelfen.

Hugo von Hofmannsthal: Der Schwierige *(1921)* *Die Utopie der Diskretion*

> Als die Revolution von München und Budapest heranrückte, fragte mich Hofmannsthal einmal [...]: »Kennen Sie das Wort von Novalis: ›Nach verlorenen Kriegen muß man Lustspiele schreiben‹? Das Lustspiel als die schwierigste aller literarischen Kunstformen, die alles in jener völligen Gleichgewichtslage aussprechen kann, das Schwerste, das Unheimlichste in jener Gleichgewichtslage höchster versammelter Kraft, die immer den Eindruck spielender Leichtigkeit erweckt.«
>
> (Carl J. Burckhardt: Erinnerungen an Hofmannsthal. Gesammelte Werke. Bd. 4. S. 42)

Mit diesen Worten formulierte Hofmannsthal 1918 für sich selbst ein Programm, als dessen schönste Frucht drei Jahre später *Der Schwierige* entstand. Burckhardt sagt von diesem Werk an gleicher Stelle:

> In diesem Stück wollte er einer sozialen Schicht, dem imperialen, spanisch-deutschen Hochadel Österreichs, auf dem Wege des Sichtbarmachens durch eine leichte Übertragung, ein Denkmal im Augenblick seines Aufhörens und Versinkens setzen [...]. Im *Schwierigen* hat er

> eine von der Bühne abtretende Gesellschaft noch einmal geschildert, in den Eigenschaften ihrer Vollendung, darin daß sie alles, auch das Höchste, Seelenhafte, durch die Gebärde und nicht durch Dialektik ausdrückte, durch die Diskretion, eine Zurückhaltung, die fälschlich als Hochmut ausgelegt wird – [...]
>
> (ebd., S. 45)

Der gesellschaftliche Umbruch, der bei Tschechow als Vorahnung die Atmosphäre der Stücke bestimmt, wird bei Hofmannsthal nach der Erfahrung des Weltkriegs im Rückblick auf eine versunkene Welt mit kritischer Schärfe und nostalgischer Wehmut betrachtet. Schon die Eröffnungsszene schlägt das Grundthema an. Der alte Diener des Titelhelden, eine Art Butler mit einer seinem Stande gemäßen Dignität und Diskretion und dem ehrwürdigen Namen des Evangelisten Lukas, führt einen neu einzustellenden Diener herein, der mit hemdsärmeliger Unverschämtheit indiskrete Fragen stellt und den bezeichnenden Namen Vinzenz trägt, »der Siegende«. Er vertritt die Gesellschaft, die in Zukunft den Ton angeben wird: praktisch, taktlos, auf den materiellen Vorteil bedacht. Dies ist der Gesellschafts- und Kulturkonflikt, der dem ganzen Stück zugrunde liegt. Dahinter steht, nur gelegentlich durchscheinend und dennoch allgegenwärtig, die Erfahrung des Weltkriegs.
Vor diesen Hintergrund stellt Hofmannsthal drei unterschiedliche Positionen, die durch drei Männer repräsentiert werden. Die Seite des Fortschritts wird durch einen pseudoscharfsinnigen Intellektuellen vertreten, der mit taktloser Direktheit seine Brillanz zelebriert und den bezeichnenden Namen Baron Neuhoff führt. Er hat alle Attribute des gesellschaftlichen Parvenüs, und obendrein muß er jedem Österreicher noch als die Karikatur eines Deutschen erschienen sein, auch wenn seine holsteinische Herkunft eher beiläufig erwähnt wird. Neuhoff schwankt ständig zwischen Nietzscheschem Scharfsinn und arroganten Phrasen und wird in der feinen Gesellschaft von Wien deshalb als fremd

und störend empfunden, obgleich ihm keiner so recht gewachsen ist, so daß sein weiterer Aufstieg unaufhaltsam zu sein scheint. Am anderen Ende der Skala steht Hechingen, ein biederer, grundanständiger Mann ohne jeden Anflug von Brillanz, den seine Frau deshalb als langweilig empfindet und gern gegen einen faszinierenderen Liebhaber eintauschen möchte.
Als ein solcher erscheint ihr Hans Karl Bühl, der Titelheld, der zwischen den beiden genannten Positionen die Mitte markiert: »Gehalt ohne Prätention, Vornehmheit gemildert durch eine unendliche Grazie«. So wird er von Neuhoff, seinem Gegenpol, zutreffend charakterisiert. Er selbst empfindet sich einerseits als den »unkompliziertesten Menschen der Welt«, andererseits als einen, »der nichts als Mißverständnisse auf dem Gewissen hat«. Schon das einfache Reden gibt ihm das Gefühl von etwas Unschicklichem. »Das Reden basiert auf einer indezenten Selbstüberschätzung«, sagt er selber. Deshalb versucht er das Gemeinte nur einzukreisen, aus Angst, es durch eine eindeutige Bezeichnung zu zerstören, während Neuhoff mit ungenierter Selbstüberschätzung jeden Sachverhalt mit einem Begriff aufspießt. Deshalb kann der gleiche Neuhoff, der den Grafen Bühl als Inbegriff von Grazie bezeichnete, ihn später ein »absolutes, anmaßendes Nichts« nennen. Karl oder Kari, wie ihn seine Freunde nennen, tanzt wie ein Drahtseilakrobat durchs Leben. Sein untrügliches Gefühl für Dezenz hindert ihn, die Gefühle anderer zu verletzen. So fühlt er sich verpflichtet, Frauen, mit denen er ein Verhältnis hatte, weiterhin ein Freund zu sein, auch wenn er sie nicht mehr lieben kann, weil sie aus gröberem Stoff sind als er selbst. Dies wiederum hat ihm den Ruf eines genießerischen Frauenhelden eingebracht, der ebendeshalb die Ehe meidet. In Wirklichkeit aber hat er von nichts eine höhere Meinung als von der Ehe. Er sieht in ihr ein »Institut«, »das aus dem Zufälligen und Unreinen das Notwendige, das Bleibende und das Gültige macht« (2. Akt, 10. Szene). Damit aber eine solche Verbindung zustande kommt, muß man sich einem Menschen

öffnen, wovor er bisher wie vor etwas Indezentem zurückgeschreckt ist. So ist seine bewundernswerte Grazie ein höchst prekärer und zugleich steriler Balanceakt. Begeistert schwärmt er einmal von dem Zirkusclown Furlani:

> Er spielt seine Rolle: er ist der, der alle begreifen, der allen helfen möchte und dabei alles in die größte Konfusion bringt. Er macht die dümmsten Lazzi, die Galerie kugelt sich vor Lachen, und dabei behält er eine élégance, eine Diskretion, man merkt, daß er sich selbst und alles, was auf der Welt ist, respektiert. [. . .]
> Alle andern lassen sich von einer Absicht leiten und schauen nicht rechts noch links [. . .]. Er aber tut scheinbar nichts mit Absicht – er geht immer auf die Absicht der andern ein.
>
> (2. Akt, 1. Szene)

In diesem Clown beschreibt der Graf sich selbst. Er beschreibt damit zugleich aber auch sein Dilemma, daß nämlich eine solche Grazie nur in einem absichtslosen Spiel zu erreichen ist. Im Leben muß sie Utopie bleiben, wenn man sich nicht als moralisch selbstbestimmtes Wesen aufgeben will.

Nun sieht sich aber Graf Bühl durchaus vor moralische Entscheidungen gestellt. Er hatte ein Verhältnis mit Antoinette, der Frau Hechingens, den er im Krieg als mutigen Soldaten kennengelernt und mit dem er sich angefreundet hat. Hechingen hängt an seiner Frau mit ganz uneigennütziger Liebe und ist bereit, eine Beziehung zu ihr hinzunehmen, die nur ihn bindet, während sie ihr völlige Freiheit läßt. Er zögert auch nicht, den Grafen als Unterhändler bei seiner Frau zu bemühen, um sie wenigstens für solch ein Arrangement zu gewinnen, was den Grafen wiederum vor die Pflicht stellt, sein Verhältnis zu Antoinette zu klären. Hechingen erhielt durch Karl, wie er selbst sagt, »seine zweite Erziehung« (III,2), und er bekennt sich uneingeschränkt zu dessen Wertsystem, wenn er zu Stani sagt:

Ich würde dich bitten, nicht zu übersehen, daß ich genau fühle, worauf es ankommt. Es kommt alles auf ein gewisses Etwas an, auf eine Grazie – ich möchte sagen, es muß alles ein beständiges Impromptu sein.

(3. Akt, 2. Szene)

Der Graf, der Antoinette in unerwiderter Liebe warten läßt, und Hechingen, der mit unerwiderter Liebe auf Antoinette, seine Frau, wartet, verhalten sich in ihrer jeweiligen Situation mit der gleichen tänzerischen und zugleich hilflosen Grazie. Doch anders als der unbegehrte Hechingen wird der begehrte Graf durch eine Frau aus seinem Wartestand erlöst. Seine Nichte Helene, die er bewundert und liebt, aber nicht zu begehren wagt, macht ihm einen Heiratsantrag. Vergeblich warnt er sie vor seinem »unmöglichen Charakter«.

Helene: Ja, Sie können – wie sagt man das? – verführt werden und verführen. Alle haben Sie sie wahrhaft geliebt und alle wieder im Stich gelassen. Die armen Frauen! Sie haben halt nicht die Kraft gehabt für euch beide.

Hans Karl: Wie?

Helene: Begehren ist Ihre Natur. Aber nicht: das – oder das – sondern von einem Wesen: – alles – für immer! Es hätte eine die Kraft haben müssen, Sie zu zwingen, daß Sie von ihr immer mehr und mehr begehrt hätten. Bei der wären Sie dann geblieben.

Hans Karl: Wie du mich kennst!

Helene: Nach einer kurzen Zeit waren sie dir alle gleichgültig, und du hast ein rasendes Mitleid gehabt, aber keine große Freundschaft für keine: das war mein Trost.

(3. Akt, 8. Szene)

Helene hat den Schwierigen durchschaut. Sie weiß, daß seine Versuche, eine erkaltete Liebe als Freundschaft weiterzuführen, nur der Beruhigung seines Gewissens dienten. Am Schluß ihrer Liebeserklärung sagt sie:

> Du kannst freilich die Freundschaft nicht fassen, die ich für dich hab. Dazu wird eine lange Zeit nötig sein – wenn du mir die geben kannst.
>
> (ebd.)

Liebe, so lautet das unausgesprochene Fazit, hat nur als Freundschaft Aussicht auf Dauer, und die Form, in der sie dazu werden kann, ist die Ehe. Der Wechsel vom Sie zum Du bei Helene markiert die wohl dezenteste und subtilste Verlobung, die je auf einer Bühne vorgeführt wurde. Jetzt fühlt Hans Karl auf einmal die Ruhe, die er bis dahin nur durch seine äquilibristischen Balanceakte aufrechterhalten konnte:

> Was ist das für ein Zauber, der in dir ist. Gar nicht wie die andern Frauen. Du machst einen so ruhig in einem selber.
>
> (ebd.)

Hofmannsthal hat in dieser Komödie einige der Themen gestaltet, die ihn sein ganzes Leben hindurch beschäftigt haben. An erster Stelle ist da das Geheimnis der Ehe, mit dem er sich schon im *Rosenkavalier* und in anderen Werken auseinandergesetzt hatte. Das zweite Grundthema ist sein Mißtrauen gegenüber der Sprache. Die eigene dichterische Sprachkrise, die er 1902 in dem berühmten Chandos-Brief artikulierte, hat er überwunden. Jetzt sind die sprachlichen Mißverständnisse für ihn nur noch ein Quell nachsichtiger Komik. Ein wunderbares Beispiel dafür ist Graf Bühls Telefongespräch mit Hechingen:

> Hechingen, guten Abend! Ja, ich habs mir überlegt. Ich habe zugesagt. Ich werde Gelegenheit nehmen. Gewiß. Ja, das hat mich bewogen, hinzugehen. Gerade auf einer Soiree, da ich nicht Bridge spiele und deine Frau, wie ich glaube, auch nicht. Kein Anlaß. Auch dazu ist kein Anlaß. Zu deinem Pessimismus. Zu deinem Pessimismus! Du verstehst nicht? Zu deiner Traurigkeit ist kein Anlaß. Absolut bekämpfen! Allein? Also die berühmte

Flasche Champagner. Ich bringe bestimmt das Resultat vor Mitternacht. Übertriebene Hoffnungen natürlich auch nicht. Du weißt, daß ich das Mögliche versuchen werde. Es entspricht doch auch meiner Empfindung. Es entspricht meiner Empfindung! Wie? Gestört? Ich habe gesagt: Es entspricht meiner Empfindung. Empfindung! Eine ganz gleichgültige Phrase! Keine Frage, eine Phrase! Ich habe eine gleichgültige Phrase gesagt! Welche? Es entspricht meiner Empfindung. Nein, ich nenne es nur eine gleichgültige Phrase, weil du es so lange nicht verstanden hast. Ja. Ja. Ja! Adieu. Schluß!

(1. Akt, 15. Szene)

Kein Wunder, daß der Graf das Telefon als die indiskreteste aller Maschinen inbrünstig haßt. Gerade dieses Wunderwerk der Technik reduziert jede Empfindung zur bloßen Phrase, da es ein Gefühl nur durch die nackte verbale Aussage übermitteln kann.

Hofmannsthals Komödie ist in ihrer nachsichtigen Menschlichkeit und ihrer hellsichtigen Kritik am heraufziehenden Jahrhundert des ideologischen Jargons, wie ihn Neuhoff im Munde führt, ein Meisterwerk an Tiefe und Vollkommenheit. Dennoch gibt es darin eine Beschränkung, die der Grund dafür ist, weshalb das Stück nicht – wie etwa die Dramen Tschechows – ins Repertoire des europäischen Theaters aufgenommen wurde. Es ist eine im Grunde utopische Dichtung. Sie nimmt die Menschen einer realen Gesellschaft, aber versetzt sie in die Allegorie eines menschlichen Dilemmas, das ähnlich parabolischen Charakter hat wie Kleists Marionettengleichnis. In der Gestalt des Schwierigen wird die Utopie einer gesellschaftlichen Unschuld vorgeführt, die nur durch »absichtsloses« Handeln möglich ist. Die gesellschaftlichen Voraussetzungen aber, die dies ermöglichen, bleiben ausgeklammert. Daß der Graf sich seine Grazie leisten kann, liegt in der banalen Tatsache begründet, daß er finanziell unabhängig ist. Von Geld ist jedoch in dem Stück nirgends die Rede. Dies ist der Grund, weshalb die Komödie nicht wie Tschechows *Kirschgarten* zum Abgesang einer zwar schönen, aber überlebten und durch ein moralisches Versagen verspielten Kultur wurde. Bei Tschechow muß der Kirschgarten verkauft werden, es geht um harte Rubel. Aber gerade gegen den Hintergrund der materiellen Härte und der Vulgarität der heraufziehenden neuen Zeit erscheint der Kirschgarten als ambivalentes Symbol von etwas Poetischem, Zerbrechlichem, als ein auf sehr fragwürdige Weise erkauftes und durch eigene Schuld verscherztes Paradies.

Hofmannsthals Paradies hebt sich zwar von der Vulgarität der Neuhoffs ab, aber es ignoriert, daß die liebenswerten Aristokraten vom Schlage des Grafen Bühl nur wegen ihres Reichtums so liebenswert sein konnten, wobei sie es in Wirklichkeit wahrscheinlich nur in seltenen Fällen waren. Deshalb fehlt dem Stück jene Reibungsfläche, an der sich die Art von Komik entzündet, die den Zuschauer vital berührt. Auch in der Beziehung zwischen Mann und Frau bleibt das Stück Utopie. Daß eine Frau wie Antoinette, die von Stani in die Kategorie der »Geliebten« und nicht in die der »Frau, die man heiratet«, eingeordnet wird, im Stück von den beiden edelmütigsten Männern nicht nur Respekt, sondern völlige Freiheit zugebilligt erhält, steht in hartem Kontrast zur Lebenswirklichkeit, in der sie eben doch nur ein Sexualobjekt gewesen wäre, wenngleich erotisch ein wenig geadelt. Utopisch ist auch die Beziehung zwischen der überlegenen Helene und dem Grafen, nicht wegen ihrer Idealität, sondern weil sie den beiden kampflos geschenkt wird. Auch Shakespeares späte Komödien schließen mit einer idealisierten Liebesbindung, aber sie ist das Ergebnis eines nur mit knapper Not überstandenen tragischen Konflikts. Hofmannsthals Komödie hat nicht wie Shakespeares *Wintermärchen* oder Lessings *Minna von Barnhelm* die Idealität eines errungenen Glücks, sondern die einer utopischen Vision von menschlicher Gesellschaft, in der Bindung bei vollkommener Freiheit der Person möglich ist. An dieser utopischen Idealität ändert auch die Tatsache nichts, daß jeder aufmerksame Zuschauer in den negativen Figuren des Stückes schon das Grauen des Faschismus heraufziehen sieht. Neuhoff mit seinem intellektuellen Machtanspruch ist – im Schillerschen Sinn – der »Barbar«, der die Empfindungen unter seine Prinzipien zwingt und damit auf die Vorbereitung des Faschismus durch das deutsche idealistische Totalitätsdenken hinweist. Der Sekretär Neugebauer, der unentwegt damit hausieren geht, daß er sich aus kleinen Verhältnissen hochdienen mußte, ist der typische Kleinbürger, der den Nationalsozialisten an die Macht verhalf. Und Vinzenz, der neue Diener, ist ein hemdsärmeliger Plebejer, wie er in Sternheims Zyklus *Aus dem bürgerlichen Heldenleben* auftritt und wie er inzwischen die Normalität verkörpert. Alles dies sind die Akkorde, die der deutsche Zuschauer im Stück mithört, die aber dort selbst nicht thematisiert werden, weshalb die Komödie für einen Engländer oder Amerikaner kaum mehr als der idealisierte Ausdruck einer nostalgischen Sehnsucht nach der k.u.k. Monarchie sein kann.

Das Überraschende ist allerdings, daß Hofmannsthal etwas gelingt, was gemeinhin als nicht möglich angesehen wird. Er läßt ein Ideal zur Quelle von Komik werden. Dies erreicht er dadurch, daß er seinen Helden immer wieder abwechselnd von innen und von außen zeigt. Von außen gesehen erscheint er als der vollendete, von allen Männern beneidete und von den Frauen begehrte Edelmann. In seinem Innern glaubt der Zuschauer die Nachsicht und Güte eines weisen Narren zu sehen, während er selbst sich als einen Tolpatsch beschreibt, der ständig Verwirrungen stiftet. So ist er der Form nach das Ideal eines Edelmanns und dem Wesen nach das Ideal eines Clowns, wie er selbst einen solchen am Beispiel des Furlani beschreibt. Aus dieser Diskrepanz zieht das Stück seine Komik, die nicht nach jedermanns Geschmack sein wird, die aber in ihrer Subtilität in der deutschen Literatur ihresgleichen sucht.

Bertolt Brecht: Leben des Galilei *(1943/1947/1957)* *List der Vernunft oder Feigheit der Intelligenz?*

Bertolt Brecht, von Martin Esslin noch 1959 neben Joyce und Kafka gestellt und dann in den sechziger Jahren von einer wachsenden Zahl von Kritikern totgesagt, ist dennoch ein Klassiker und wird es bleiben, was freilich nur soviel bedeutet, als daß er einen Platz im Museum der deutschen Literatur einnimmt. Ob seine Stücke sich auf dem Theater halten werden, scheint weniger sicher. Kein anderer Dramatiker dieses Jahrhunderts hat über das Schreiben und über die Aufführung seiner Stücke einschließlich der intendierten Wirkung auf das Publikum so ausgiebig reflektiert wie er. Dies ist möglicherweise sein größtes Manko; denn er ist, wie Schiller, ein Dichter ohne Geheimnis. Man kann ihn beim Wort nehmen oder gegen den Strich bürsten, immer fühlt man sich als Leser oder Zuschauer aufgefordert, eindeutige Aussagen – oder deren Umkehrung – aus seinen Stücken herauszulesen. Wohl keiner wird dabei wie bei Shakespeare, Büchner, Hauptmann oder Beckett das Gefühl haben, daß ihm der Boden unter den Füßen wegrutscht.
Man könnte einwenden, daß dies zum Wesen seines epischen Theaters gehört, das nicht darstellt, sondern demonstriert. Richtiger ist aber, daß Brecht die epische Form ebendeshalb gewählt hat, damit er aufklärende Einsichten statt irrationaler Erlebnisse vermitteln konnte. Aufklärung verlangt klare Positionen. Wenn Shakespeare in *Macbeth* einen edlen Helden zeigt, der zu einem durch Blut watenden Mörder wird, so weiß der Zuschauer, daß das Verbrechen eine Folge des Ehrgeizes und dieser wiederum der Grund für die ehrenvolle Größe Macbeths ist. Auch bei Brecht finden wir ständig Figuren, deren Persönlichkeit in zwei Hälften gespalten ist. Herr Puntila ist immer, wenn er betrunken ist, die Freundlichkeit selbst, doch kaum ist er nüchtern, wird er wieder zum hartherzigen Ausbeuter. Die gutmütige und freigebige Shen Te in *Der gute Mensch von Sezuan* muß sich von Zeit zu Zeit in ihren nicht existierenden geldgierigen Vetter verwandeln, um sich der Bittsteller zu erwehren.

Mutter Courage leidet unter dem Krieg, aber sie muß sich seine Fortsetzung wünschen, weil sie von ihm lebt. Bei all diesen Bewußtseinsspaltungen ist aber immer eines das richtige und eines das falsche Bewußtsein. Ambivalenz gibt es hier nicht. Das richtige Bewußtsein ist die natürliche Sehnsucht der Menschen nach Freundlichkeit, das falsche ist die durch die gesellschaftlichen Verhältnisse erzwungene Gier nach Geld und Macht. Immer wieder hat Brecht in seinen Stücken Situationen konstruiert, in denen es darum geht, mit dem richtigen Bewußtsein die Handlungen des falschen Bewußtseins zu tun, sofern sie geeignet sind, dessen gesellschaftliche Basis zu zerstören und die Voraussetzungen für ein nichtentfremdetes Leben im richtigen Bewußtsein zu schaffen. Das bedeutet aber, daß die Richtigkeit des Bewußtseins von den stets wechselnden gesellschaftlichen Verhältnissen abhängt.

Ein Musterfall dieses Dilemmas ist die Textgeschichte des *Galilei*. Den Plan, ein Stück über den Begründer der modernen Physik zu schreiben, faßte Brecht 1933, als sich der Widerruf Galileis zum 300. Male jährte und das Problem der Freiheit der Wissenschaft in der Öffentlichkeit neu diskutiert wurde. 1938/39 vollendete er im dänischen Exil die erste Fassung des Stücks. Sein Thema war der Konflikt zwischen dem wahrheitssuchenden Wissenschaftler und der durch die Kirche repräsentierten Obrigkeit, die von der Wahrheit eine Destabilisierung ihres Herrschaftssystems befürchtete und sie deshalb unterdrückte. Galilei läßt sich durch die Androhung der Folter dazu bringen, seine Behauptung, daß die Erde sich um die Sonne bewege, zu widerrufen. Brecht stellt die Vorgeschichte und den Verlauf des Prozesses mit allen dort ausgetauschten Argumenten in großen Zügen den Tatsachen entsprechend dar. Wäre aber nur das der Zweck seines Stückes gewesen, so wäre es nichts anderes als eine gute Schulfunk-Dokumentation geworden. Brecht wollte mehr. Ihm ging es darum zu zeigen, wie ein Wissenschaftler, dessen Erkenntnisse das ganze Weltbild seiner Zeit revolutionierten, unter dem Zwang angedrohter Gewalt das falsche Bewußtsein anerkennt, doch nur, um unter dieser Tarnung weiter mit dem richtigen Bewußtsein nach der Wahrheit suchen zu können. Nach der ersten Vernehmung durch die Inquisition 1616 gehorcht Galilei und schweigt viele Jahre lang, forscht aber weiter. Seine Lehre verbreitet sich jedoch immer mehr, so daß er siebzehn Jahre später erneut vor die Inquisition zitiert wird und nun, nachdem man ihm die Folterwerkzeuge gezeigt hat, öffentlich widerruft. Er unterwirft sich vollkommen der kirchlichen Autorität und läßt jedes Blatt, das er beschreibt, durch die Hände eines Zensors gehen. Heimlich aber macht er von allem eine Abschrift, und als sein Schüler Sarti, der ihn wegen seines Widerrufs verachtet, sich höchst frostig von ihm verabschiedet, um in die freieren Niederlande zu gehen, gibt er dem Überraschten und Überglücklichen das Manuskript, damit die Saat der Wahrheit auf einem fruchtbareren Boden aufgehen kann. In dieser Version des Stückes wird Galilei zwar als einer gezeigt, den beim Anblick der Folterwerkzeuge schließlich doch der Mut verläßt; aber seine Unterwerfung ist nur ein pragmatisches Nachgeben wie die List des von Brecht so geschätzten braven Soldaten Schweyk, der nach der Devise handelt, daß ein lebender Feigling nützlicher ist als ein toter Held. Als er dem Schüler das Manuskript übergibt, sagt Galilei:

> Einige Erlebnisse hätten dich zu einer ganz falschen Ansicht bringen können über das, was wir immer die Zukunft der Vernunft genannt haben. Aber natürlich, ein einzelner Mensch kann sie weder zur Geltung noch in Verruf bringen. Sie ist eine große Sache. Die Vernunft ist eine Sache, in welche die Menschen sich teilen. Sie ist nämlich die Selbstsucht der ganzen Menschheit. Diese Selbstsucht ist zu schwach, aber selbst ein Mensch wie ich kann ja noch sehen, daß die Vernunft nicht am Ende ist, sondern am Anfang.
>
> (Erste Fassung, 13. Szene)

Brecht spricht hier als emigrierter Intellektueller. Er mußte vor sich selbst rechtfertigen, daß er Deutschland verließ,

statt öffentlich gegen die Herrschaft der Nationalsozialisten aufzustehen und sich zum Märtyrer zu machen. Die Quintessenz seines ersten *Galilei* ist die, daß es nur darauf ankommt, das Licht der Vernunft, und sei es mit blakender Flamme, auch in Zeiten der Finsternis am Leben zu erhalten.
Als Brecht 1945 mit dem berühmten Schauspieler Charles Laughton in Hollywood eine Aufführung des Stückes vorzubereiten begann, war diesem sofort klar, daß ein so schwacher positiver Held beim Publikum nicht ankommen würde. Deshalb drängte er Brecht, den Widerruf Galileis deutlicher als ein moralisches Versagen darzustellen; denn anders hätte es für den Helden nicht den vom Publikum erwarteten tiefen Fall gegeben. Laughton scheint dabei nur seiner Intuition als Schauspieler gefolgt zu sein. Doch Brecht nahm dies zum Anlaß für eine völlige Neukonzeption, die dennoch nur geringfügige Textänderungen erforderlich machte. Inzwischen war nämlich ein Ereignis eingetreten, das ihn den Galileischen Widerruf in gänzlich neuem Lichte sehen ließ: der Abwurf der Atombombe auf Hiroshima und Nagasaki. Jetzt erschienen ihm die Wissenschaftler wie »erfinderische Zwerge, die für alles gemietet werden können«. Und so legte er dem Galilei ein Schuldbekenntnis in den Mund, das das Gegenteil einer Schweykschen List ist:

> Ich hatte als Wissenschaftler eine einzigartige Möglichkeit. In meiner Zeit erreichte die Astronomie die Marktplätze. Unter diesen ganz besonderen Umständen hätte die Standhaftigkeit *eines* Mannes große Erschütterungen hervorrufen können. Hätte ich widerstanden, hätten die Naturwissenschaftler etwas wie den hippokratischen Eid der Ärzte entwickeln können, das Gelöbnis, ihr Wissen einzig zum Wohle der Menschheit anzuwenden! Wie es nun steht, ist das Höchste, was man erhoffen kann, ein Geschlecht erfinderischer Zwerge, die für alles gemietet werden können.

(13. Szene)

Diese Änderung ging in die dritte, endgültige Fassung ein, die 1955 im Druck erschien und die er selbst 1956 in Berlin mit dem Berliner Ensemble einstudierte, worüber er kurz vor der Aufführung starb. Auch der neue Galilei, der sich selbst als moralischen Versager empfindet, kam beim amerikanischen Publikum nicht an. In einer fortschrittsgläubigen Gesellschaft lassen sich die Pioniere der Technik nicht gern als erfinderische Zwerge titulieren, schon gar nicht von einem, der selber nicht widerstand, während das amerikanische Volk gerade den heroischen Widerstand gegen das nationalsozialistische Deutschland siegreich beendet hatte. Aber die wenig überzeugende Wirkung der Galilei-Figur ist kein amerikanisches Problem. Sie liegt im Stück selbst begründet. Was Brecht als Fazit verkündet, ist nur über den Kopf nachzuvollziehen. Die Figur selber, obwohl sie durch einen guten Schauspieler sehr prall ausgefüllt werden kann, läßt nichts von der inneren Dynamik eines tragischen Versagens erkennen. Man braucht zum Vergleich nur einmal an Büchners Danton zu denken, um zu sehen, wie blutlos sich das Geschehen auf der Bühne realisiert. Die Kölner Aufführung 1955 wurde von der Kritik als Achtungserfolg bezeichnet, während die von Brecht selbst einstudierte Berliner Aufführung 1957 starken Beifall erhielt. Das wird nicht nur an der unterschiedlichen Qualität der Inszenierungen gelegen haben. In Ostberlin lebte das Publikum wie Galilei unter einer Diktatur und konnte sich deshalb sehr leicht mit dem Helden identifizieren. Es liegt eine sonderbare Ironie darin, daß Brecht, der das Identifikationstheater ablehnte, den Erfolg seiner Inszenierung ausgerechnet der besonderen Identifikationssituation verdankte, die an seinem Theater gegeben war.

Aber auch im Westen wurde der *Galilei* damals hoch geschätzt. Man muß sich erinnern, daß es die Zeit war, in der die 18 Kernphysiker aus der Bundesrepublik ihre öffentliche Erklärung gegen die Herstellung, Erprobung und Anwendung von Atomwaffen abgegeben und damit zu einer neuen ethischen Selbstbesinnung der Naturwissenschaften

aufgerufen hatten. Dies bewirkte, daß die Identifikation mit dem Helden, die Brecht mit seinem epischen Theater ausdrücklich vermeiden wollte, sehr wohl eintrat, aber nicht wegen der psychologischen Faszination des Helden, sondern wegen der Aktualität seines Problems. Das von Brecht bewußt aufgebrochene Identifikationsmuster des aristotelischen Dramas wurde im *Galilei*, dem Zeitgeist der fünfziger Jahre entsprechend, ersetzt durch Engagement. Es war die Zeit des »engagierten Theaters«. Dies aber bedarf eines Bezugsobjekts außerhalb der Bühne. Schon in den sechziger Jahren stellte sich dieses Bezugsobjekt in ganz anderem Lichte dar. Der Appell an das Ethos der Naturwissenschaftler wich einem realistischen Zynismus, den Friedrich Dürrenmatt in seinem Stück *Die Physiker* (1962) weit zeitgemäßer und damit publikumswirksamer ausdrückte.
Schon Brecht konnte das Dilemma zwischen dem frühen und dem späteren *Galilei* für sich selbst nicht lösen. Kurz nach der Uraufführung des Stückes in Hollywood wurde er vor den Untersuchungsausschuß gegen »unamerikanische Umtriebe« zitiert. Dort hätte er sich zu seinen sozialistischen Idealen bekennen und das Modell für einen hippokratischen Eid des Schriftstellers abgeben können, wie er es von Galilei als Wissenschaftler gefordert hatte. Statt dessen leugnete er alles, bestritt sogar, jemals Kommunist gewesen zu sein. Noch Jahre später spielte er sich die Tonbänder des Verhörs vor und schien nichts Anstößiges daran zu finden, daß er sich wie Galilei verleugnet hatte. Dieser Mangel an persönlicher Authentizität, den er mit dem Verfremdungsprinzip seines epischen Theaters theoretisch rationalisierte, ist vielleicht der Hauptgrund dafür, daß seine Stücke für das Publikum allmählich verblassen. Ihre Probleme sind zu bekannt, um noch zu provozieren; und ihre epische Präsentationsform ist zu geradlinig, um zu irritieren. Was den *Galilei* betrifft, so dürfte er in seiner ersten Fassung heute eher überzeugen als in der Endfassung. Der Wissenschaftler, der mit Schweykscher List im Räderwerk der Macht ums Überleben der Wahrheit kämpft, ist als Clownsfigur für

heutige Menschen eher verstehbar. Der Galilei der Endfassung hingegen, der sich als gestürzten Engel empfindet, wäre der Held einer Tragödie. Die aber ist in der epischen Präsentationsform schwer möglich, da sie die vollständige Identifikation des Zuschauers mit dem Helden voraussetzt. So wird der *Galilei* auf Grund seiner sprachlichen Vollendung und seiner szenischen Kunstfertigkeit zwar ein Meisterwerk der deutschen Literatur bleiben, doch ob er sich auf den Spielplänen halten wird, ist eher fraglich.

Tennessee Williams: Endstation Sehnsucht *(1947)*
Ein Nord-Süd-Konflikt

Als in den fünfziger Jahren die Dramen Tennessee Williams' die deutsche Bühne eroberten, war das Erstaunlichste an ihnen ihre Konventionalität. Während in Westeuropa das absurde Theater mit Beckett und Ionesco den Standard der Moderne bestimmte, dem Brecht in Ostberlin mit seinem Berliner Ensemble das epische Theater als sozialistische Moderne entgegensetzte, griff Williams auf das naturalistische Enthüllungsdrama Henrik Ibsens zurück, das er mit Strindbergscher Schärfe würzte. Von Ibsen unterschied er sich vor allem dadurch, daß er Freud kannte und spezifisch amerikanische Lebenslügen diagnostizierte. Wie Ibsen in *Peer Gynt* und Strindberg in *Traumspiel* wich auch er, vor allem in *Camino Real* und später mit zunehmender Häufigkeit, vom naturalistischen Schema ab und versuchte sich in symbolischer Weltdeutung. Doch das, was sich von ihm auf der Bühne hält, sind nicht diese angestrengten Versuche, moderne Mythen zu schaffen, sondern seine »altmodischen« Stücke, in denen Menschen in ein Netz von Illusion und Selbstbetrug verstrickt sind.
Aus amerikanischer Sicht waren die Stücke jedoch keineswegs so altmodisch. Dort war erst in den zwanziger Jahren mit O'Neill ein eigenes amerikanisches Drama in der Nach-

folge Ibsens entstanden, das für den nur 23 Jahre jüngeren Williams und ebenso für das amerikanische Publikum durchaus noch aktuell und vital war. Obwohl die Nachwirkung Ibsens unverkennbar ist, wäre es falsch, hier von Nachahmung zu sprechen. Williams stellte sich in keine Tradition, sondern bediente sich bestimmter dramaturgischer Mittel einzig zu dem Zweck, ganz persönliche Erfahrungen auszudrücken. Das macht ihn zu einem der widersprüchlichsten Autoren des neueren Dramas. Einerseits hat er keine erkennbare Theorie, andererseits schrieb er Stücke, in denen jedes Wort, jeder Name und selbst die in den Bühnenanweisungen geforderte Hintergrundmusik auf das genaueste kalkuliert ist. Sein Schwanken zwischen Naturalismus und ambitioniertem Symbolismus, die Vorliebe für exaltierte psychische Zustände, das latent Manische in seinen Stücken, alles dies hat immer wieder die Kritiker gegen ihn aufgebracht. Und doch haben seine Dramen dank der psychischen Intensität ihrer Charaktere eine so eigenständige Vitalität, daß sie wahrscheinlich ihr Publikum noch lange halten werden.

Endstation Sehnsucht ist, dank der eindrucksvollen Verfilmung mit Vivien Leigh und Marlon Brando in den Hauptrollen, Williams' bekanntestes Stück. Sein Stoff ist – wie der vieler anderer seiner Stücke – von jenem Riß zwischen dem Norden und Süden Amerikas durchzogen, von dem in der Kultur der USA, ähnlich wie in der Geotektonik von der Andreasspalte in Kalifornien, immer wieder Erschütterungen ausgehen. Das Stück beginnt damit, daß die tragische Heldin Blanche DuBois ihre Schwester Stella besucht, die mit einem Mann polnischer Abstammung namens Stanley Kowalski im Arbeiterviertel von New Orleans lebt. Blanche und Stella entstammen einer verarmten Familie der alten Pflanzeraristokratie des Südens, während Kowalski als Arbeiter und Kind von Immigranten die gesellschaftlichen Werte des egalitär-demokratischen Nordens verkörpert. Faulkner hat in seinen Romanen aus diesem Kulturkonflikt einen ganzen Mythos gemacht, in dem der aristokratische

Süden als etwas Edles, kulturell Verfeinertes erscheint, das durch den Sündenfall der Sklaverei in Dekadenz versunken ist und langsam durch die vulgäre, aber vitale Kultur des egalitären, industriekapitalistischen Nordens verdrängt wird. Während jedoch bei Faulkner dieser Konflikt das eigentliche Thema darstellt, ist er bei Williams nur der stoffliche Ausgangspunkt.

Blanche lebt in der Illusionswelt des alten Südens, was durch den Namen ihres verlorengegangenen Familiensitzes *Belle Rêve* (= schöner Traum) mit überdeutlicher Direktheit unterstrichen wird, während ihre Schwester sich davon gelöst hat, indem sie den vitalen Proletarier Kowalski heiratete. Im Verlauf des Stückes wird nun gezeigt, wie Blanche sich an der durch Kowalski repräsentierten Vulgärkultur wundreibt, da sie darin einen Rückfall in die Steinzeit sieht. Gleichzeitig holt aber Kowalski erbarmungslos ihre ganze Lebenslüge ans Licht. Es zeigt sich, daß sie Alkoholikerin ist, daß sie als Lehrerin wegen Verführung minderjähriger Schüler in Skandale verwickelt war. Ihre Sensibilität stellt sich damit als Neurose, ihre Verfeinerung als moralische Verdorbenheit, ihr Suchen nach Schönheit als ein Verschleiern der Wahrheit dar. Und doch steht sie im Stück nicht nur als Verdammte da, sondern als ein edles, hilfloses Geschöpf, um dessen Zerstörung der Zuschauer trauert.

Kowalski ist eine ähnlich ambivalente Figur. Einerseits hat er in seiner vitalen Primitivität einen gewissen männlichen Charme und für seine Frau beträchtlichen Sexappeal, andererseits wird er zum erbarmungslosen Tier, als er Blanche, nachdem er ihr ganzes Lügengewebe freigelegt hat, zuletzt im Moment der völligen Erniedrigung und Hilflosigkeit auch noch vergewaltigt, während seine Frau im Krankenhaus von einem Kind entbunden wird. Das Stück endet damit, daß Blanche, die auf die rohe Gewalt mit einem völligen Zusammenbruch reagiert, sich hilflos und geistig verwirrt in eine Nervenheilanstalt abführen läßt.

Es ist schwer zu sagen, auf wessen Seite Tennessee Williams steht. Zweifellos weckt die leidende Heldin mehr Mitgefühl als der rohe Gewaltmensch. Und doch ist Blanche nicht nur eine Gebrochene, sondern auch eine Verdorbene; und Kowalski ist nicht nur ein Rohling, sondern auch der *underdog*, der sich, um seine Selbstachtung zu bewahren, dagegen wehren muß, daß er von einer Frau verachtet wird, die für sich selbst nur die unverdienten und durch eigene Schuld verlorenen gesellschaftlichen Privilegien einer höheren Kultur in Anspruch nehmen kann, die ihm versagt blieben. Der soziale Klassenkonflikt wird von Williams nirgends in dem Stück ausdrücklich thematisiert. Da aber die beiden Kulturen so scharf miteinander kontrastiert sind, wird der Zuschauer den Konflikt jeweils nach seiner eigenen Klassenzugehörigkeit deuten. So mag der eine mehr mit Kowalski sympathisieren, der mit harter Arbeit sein Brot verdient und eine feine Dame durchfüttern muß, die stundenlang sein Badezimmer blockiert, wegen moralischer Haltlosigkeit arbeitslos ist und ihn zu allem Überfluß noch verachtet, während der andere sich eher mit Blanche identifiziert und in ihr eine edle Orchidee sieht, die auf dem rohen Stamm einer kulturlosen Zivilisation zugrunde geht.

Williams soll die »Botschaft« des Stückes in dem Satz zusammengefaßt haben: »Wenn wir nicht aufpassen, übernehmen die Affen die Macht!« Das wäre eine eindeutige Parteinahme für Blanche. Das Stück selber ist weniger eindeutig und damit aufrichtiger. Es verteilt Licht und Schatten auf beide Seiten in höchst ambivalenter Weise. Ambivalenz scheint das wesentliche Merkmal des Stückes zu sein. Sie drückt sich bereits im Titel aus: *A Streetcar Named Desire. Desire* bedeutet sowohl Sehnsucht als auch Verlangen, bezeichnet also die edlen Träume Blanches ebenso wie die animalische Gier Kowalskis. Zugleich ist der Titel aber auch ein Beispiel für die allzu direkte, oft geradezu penetrante Symbolik, die Williams immer wieder bemüht. Daß die in New Orleans eintreffende Blanche eine Straßenbahn mit der Endstation *Desire* nehmen, dann bei den Friedhöfen umsteigen und bis zu den *Elysian Fields* fahren soll, mag mancher Zuschauer als reichlich dick aufgetragen empfinden. Aber dies ist erst der Anfang eines dichtgewirkten Teppichs symbolischer Bezüge. Schon die Namen sind höchst absichtsvoll gewählt. Blanche heißt »die Weiße«, was die Vorstellung von Reinheit und Unschuld evoziert. Ihr Nachname ist DuBois, womit zunächst ihre Herkunft aus der stark französisch geprägten Pflanzeraristokratie des Südens angezeigt wird. Auf französisch bedeutet er aber »vom Walde«. Damit wird sie als ein der Natur entsprungenes Wesen der naturwidrigen Welt des Industriearbeiters entgegengestellt. Im Amerikanischen wird der Name jedoch wie »do boys« ausgesprochen, was soviel bedeutet wie »kleine Jungen verführen« und auf Blanches Beziehungen zu ihren Schülern anspielt. Kowalski, der durch seinen Nachnamen als Abkömmling polnischer Immigranten ausgewiesen ist, trägt den Vornamen Stanley. Für jeden Amerikaner und Briten wird dadurch die Erinnerung an den Zeitungsreporter Stanley wachgerufen, der als gebürtiger Waliser von einem Kaufmann in New Orleans adoptiert wurde und es zu großer Berühmtheit brachte, als er im afrikanischen Urwald den verschollenen Dr. Livingstone aufspürte. Stanley Kowalski ist also der, der von außen in jenen Wald eindringt, aus dem Blanche herkommt. Stellas Name signalisiert, daß sie wie ein Stern über dem zentralen Konflikt steht und sich in diesen nicht hineinziehen läßt. Selbst der Name von Blanches Whiskeymarke *Southern Comfort* hat symbolische Bedeutung, nämlich »Trost des Südens«. Ebenso symbolträchtig ist fast jede einzelne Handlung, etwa Blanches Versuch, das grelle Licht der nackten Glühbirne mit einer bunten Papierlaterne zu dämpfen, worin zum Ausdruck kommt, daß sie die Wahrheit unter dem Schleier von Schönheit zu verbergen sucht. In den Bühnenanweisungen schreibt Williams genau vor, wie an 24 Stellen das Blue Piano aus einer benachbarten Bar eine Art Kowalski-Thema spielen soll, das das moderne, jazzige New Orleans repräsentiert, während Blanches Flucht in die Erinnerung von einem Polkamotiv begleitet wird, das nur für sie und den Zuschauer hörbar ist. Es ist die *Varsouviana*, die gerade spielte, als ihr Mann sich erschoß.

Und in der neunten Szene, in der Blanches letzte Illusion, nämlich die Hoffnung, daß Kowalskis Freund Mitch sie heiraten werde, zusammenbricht, endet die Polka mit einem Revolverschuß, den nur Blanche und das Publikum hören. Der Symbolbezug wird noch komplexer, wenn man bedenkt, daß die »Warschauer« Polka das Paradies des aristokratischen Südens signalisiert, aus dem Blanche verstoßen wurde, während die Familie Kowalskis freiwillig das aristokratisch geprägte Polen verlassen hat, um in das egalitär-demokratische Paradies der USA aufgenommen zu werden.
Während sich Williams beim Aufbau der Handlung eng an das realistische Schema des Ibsenschen Enthüllungsdramas hält, strebt er bei der szenischen und sprachlichen Realisation eine höchst artifizielle Darstellungsform an, die eher an Bauprinzipien der Musik als an solche des Dramas erinnert. Die Sprachstile von Blanche und Kowalski werden wie zwei gegensätzliche Motive gegeneinander geführt, und Gesten und Anspielungen intensivieren den Kontrast. Dadurch behält das Stück seinen bipolaren Charakter und vermeidet den einseitigen Blick auf die leidende Blanche. Insofern steht es der Tragödie näher als dem Melodrama. Allerdings fehlt zur echten tragischen Wirkung die aufsteigende Handlung, die sich mit einem letzten Aufbäumen des Helden zur Katastrophe wendet. Blanche hat ihre Tragödie bereits hinter sich und sinkt nur noch, über ein letztes retardierendes Moment der Hoffnung hinweg, in den Wahnsinn. Obwohl Tennessee Williams als ein zu Depressionen neigender Homosexueller viel zu sehr mit seinen eigenen psychischen Problemen beschäftigt war, um sich für die Sache der Südstaaten-Renaissance ernsthaft zu engagieren, fühlte er sich doch sein Leben lang dem Süden verbunden und schöpfte viele seiner Stoffe aus diesem Milieu. Allerdings tut er es nicht mit der tiefen inneren Betroffenheit, mit der William Faulkner in seinen Romanen das Thema gestaltet. In dessen fiktivem Yoknapatawpha County stehen sich ebenfalls zwei Welten gegenüber: die kulturell verfeinerte, aber dekadente

Pflanzeraristokratie, die durch die Familien der Sartoris und Compsons vertreten wird, und der proletarische Norden, der in Gestalt der Snopes mit rattenhafter Unverwüstlichkeit in den Süden eindringt. Bei ihm aber leiden die Südstaaten nicht unter der persönlichen Schuld eines charakterlichen Versagens, sondern unter einem kollektiven Fluch, den sich die Gesellschaft als ganze durch die Sklavenhaltung aufgeladen hatte. Deshalb haben seine Werke die Aura eines tragischen Verhängnisses, die bei Williams fehlt.

Samuel Beckett: Warten auf Godot *(1952)*
Die Tragikomödie des Seins

Kein Theaterstück des ersten Nachkriegsjahrzehnts wirkt auch heute noch mit so bannender Kraft auf das Publikum wie Becketts *Warten auf Godot.* Sartres Denkspiele sind aus den Spielplänen verschwunden und haben wenig Aussicht, dorthin zurückzukehren. Zu zeitgebunden ist ihr existentialistisches Pathos und zu offensichtlich die Schwäche ihrer dramatischen Substanz. Auch das absurde Drama Ionescos ist weit häufiger Gegenstand gelehrter Seminardiskussionen als auf dem Theater zu sehen. Gleiches gilt für T. S. Eliots Stücke mit ihrer angestrengten Sinnsuche, die immerhin noch gelegentlich aufgeführt werden, im Vertrauen auf ihren Bildungswert als Klassiker, während Christopher Frys poetische Dramen, die in den fünfziger Jahren auf allen Bühnen zu sehen waren, inzwischen fast vergessen sind. Nur *Warten auf Godot* ist ein nicht wegzudenkender Bestandteil des modernen Bewußtseins geworden, weit entfernt von der »durchschlagenden Wirkungslosigkeit eines Klassikers«, die Max Frisch Bertolt Brecht attestierte.

Beckett gilt als einer der schwierigsten Autoren dieses Jahrhunderts. Um so erstaunlicher ist, daß seine Stücke sich auf den Spielplänen halten können. Würde man allerdings einen Theaterbesucher fragen, der gerade *Warten auf Godot*, *End-*

spiel oder *Glückliche Tage* gesehen hat, so würde er diese Stücke wohl kaum als besonders schwierig bezeichnen. Sie enthalten kaum einen Satz, der nicht auf Anhieb zu verstehen ist. Und auch die Stücke im ganzen lassen den Zuschauer nicht rätselratend zurück, wie man es etwa von Botho Strauß gewöhnt ist. Im Gegenteil, während bei einem Stück wie Strauß' *Der Park* das Rätselraten schon beim Titel beginnt, liefern Becketts Stücke genau das ab, was ihr Titel verspricht. *Endspiel* ist ein Spiel über eine Situation, die jeder Zuschauer als absoluten Endzustand erkennt, im realen wie im metaphysischen Sinne. Und *Glückliche Tage* zeigt ein Ehepaar – sie bis zur Taille eingegraben, er nur zur Hälfte sichtbar –, das zwei Tage in einem Zustand totaler physischer und psychischer Reduziertheit verbringt und diese dennoch als »glückliche Tage« erlebt, weil die einzige Alternative offenbar nur noch das Nichtsein ist. Insofern sind Becketts Stücke so offen und direkt wie überhaupt nur möglich, und sie ziehen sich im Verlauf der Aufführung in konzentrischen Kreisen so auf ihren Zielpunkt hin zusammen, daß der Zuschauer am Ende wohl kaum das Gefühl haben wird, in ein Labyrinth versetzt worden zu sein. Viel eher wird ihm sein, als habe man ihn an den Rand eines Abgrunds geführt, von dem er bei vollkommen klarer Sicht schwindelnd in eine bodenlose Tiefe schaut. Wenn dies so ist, wird man fragen müssen, was dann eine Interpretation noch über das Stück aussagen kann.

Es dürfte unmöglich sein, aus Beckett in irgendeiner Weise eine Botschaft herauszulesen. Er verkündet weder Hoffnung noch Verzweiflung, er zeigt nur das nackte Sein am Rande des Nichtseins. Alle seine Figuren hängen an diesem Rand, festgekrallt wie Stürzende an einem Felsvorsprung. Sie handeln nicht mehr, sondern behaupten sich nur noch durch permanentes Reden im Sein. Aber nicht einmal das Reden ist unbedingt erforderlich. Schon 1957 hatte Beckett ein *Spiel ohne Worte* geschrieben, und später verfaßte er Stücke für den Rundfunk und das Fernsehen, wo nur noch ein Atmen zu hören oder eine Bewegung zu sehen ist. Aus keinem seiner Stücke spricht Verzweiflung über diesen Zustand, es klingt aber auch keine Hoffnung, kein Trost, keine irgendwie geartete Aussicht auf eine Erlösung an. Diese vollkommene Kälte seines Röntgenblicks macht den künstlerischen Rang seiner Werke aus; denn dadurch bleiben sie gegen die Unwahrhaftigkeit einseitiger Wertbehauptungen gefeit. Sie diagnostizieren das existentielle Leiden der Menschheit, aber verweigern jeden Therapievorschlag. Wenn dies die Aussage seiner Stücke ist, dann sieht sich der Interpret vor die Aufgabe gestellt zu zeigen, mit welchen Mitteln die Aussage gestaltet ist.

Die Frage nach dem Wie sollte bereits bei den Namen der auftretenden Figuren beginnen. Beckett war ein Bewunderer von James Joyce und hat sich ihn lange Zeit zum Vorbild genommen, wobei er anfangs selbst vor sklavischer Nachahmung nicht zurückschreckte. Wer je einen Blick in Joyce' *Finnegans Wake* geworfen hat, weiß, daß man darin fast jedes einzelne Wort untersuchen und in seine etymologischen Bestandteile zerlegen muß, um die ganze Fülle der intendierten Bedeutungen freizulegen. Deshalb sollte man auch bei Beckett grundsätzlich davon ausgehen, daß er Wörter, die außerhalb des allgemeinen Sprachgebrauchs liegen, höchst absichtsvoll gewählt hat. Dies gilt insbesondere für die Namen. Wladimir, Estragon, Pozzo, Lucky und der nicht auftretende Godot sind die Personen des Stückes. Wladimir ist ein russischer, Pozzo ein italienischer und Lucky ein englischer Name. Estragon ist das französische Wort für eine Gewürzpflanze, das darüber hinaus für manchen noch einen spanischen Anklang haben mag, da es wie eine Kontraktion aus Estremadura und Aragon klingt. Da die Gewürzpflanze auf englisch *tarragon* heißt, würde ein Engländer, der das Wort *estragon* in einem französischen Wörterbuch nachschlägt, vielleicht an die spanische Stadt Tarragona denken, obwohl das Wort damit nichts zu tun hat. Die unterschiedliche Herkunft der Namen hat sicher keine exakte allegorische Bedeutung. Dennoch wird dadurch ein Bezugsrahmen aufgespannt, der assoziativ mit dem geographischen und kulturellen Raum Europas verknüpft zu sein scheint. Dies wird noch verstärkt, wenn Pozzo und Lucky in einer karikierend überzeichneten Form als Herr und Knecht sowie als Repräsentanten von Macht und Geist auftreten, wobei Luckys Geist sich in nichts anderem äußert als im mechanischen Herunterleiern von sinnlos aneinandergereihten Fetzen philosophischer, theologischer und wissenschaftlicher Erörterungen. Da aber in diesem Schutt Bruchstücke der ganzen europäischen Geistesgeschichte aufblitzen, wird eine weitere Beziehung zu diesem Kulturraum hergestellt. Ähnlich wie in den Bildern von Paul Klee sich in einer ornamentalen Fläche eine die Phantasie anregende, geheimnisvolle Figur abzeichnet, wird auch hier durch die assoziativen Verweise der Namen eine bedeutungsträchtige Signatur in das Bühnengeschehen eingezeichnet. Der aufmerksame Zuschauer beginnt das Stück von diesem europäischen Rahmen aus als Menschheitsparabel wahrzunehmen.

Damit führt alles auf die Frage hin: Was ist die Mitte des so aufgespannten Bezugsrahmens, wer oder was ist Godot? Über den Namen ist viel gerätselt worden. Ist es das englische Wort für Gott, also »god«, mit der französischen Diminutivendung -ot, was dann soviel wie »Göttchen« bedeuten würde? Oder soll man das Wort rückwärts lesen, wodurch die letzte Silbe das deutsche Wort »Tod« ergäbe? Soll es womöglich »to dog« bedeuten, also »vor die Hunde gehen«? Jede dieser Bedeutungen würde einen gewissen Sinn ergeben, wenn man sie zur Handlung des Stücks in Beziehung setzt. Aber was ist die Handlung? Der Ire Vivian Mercier beschrieb *Godot* als ein Stück, »in dem nichts geschieht, und das zweimal«, womit er, wie es scheint, recht hat; denn in den beiden nahezu parallel gebauten Akten tun Wladimir und Estragon nichts weiter als warten. Jedesmal taucht dabei ein gewisser Pozzo mit seinem Diener Lucky auf und verschwindet wieder, worauf ein kleiner Junge erscheint, der den beiden ausrichten soll, daß Godot verhindert sei, aber am nächsten Tag ganz bestimmt kommen

wolle. Zwischen den beiden Akten liegt nach Wladimirs und Estragons Meinung nur eine einzige Nacht. Aber Pozzo ist bei seinem zweiten Auftritt blind und kann sich an die Begegnung vom Vortage nicht erinnern, und Lucky, der vor kurzem noch seine Litanei heruntergebetet hatte, ist auf einmal taub. Am Anfang des ersten und am Ende des zweiten Aktes machen Wladimir und Estragon den halbherzigen Versuch, sich aufzuhängen. Während beim erstenmal das Bäumchen, an dem sie es tun wollen, von Wladimir für tot erklärt wird, sagt er beim zweiten Mal: »Nur der Baum lebt.« Es scheint so, als würde durch diesen winzigen Hoffnungsschimmer der Verfall, der sich bei Pozzo und Lucky zeigt, wieder ausgeglichen, so daß das Stück den Eindruck einer Welt vermittelt, die vollkommen statisch ist und dennoch ein schwaches Atmen erkennen läßt. Es entwickelt sich nichts, aber zumindest ist noch Leben da. Dies scheint die zentrale Aussage des Stückes zu sein, sofern man von einer solchen überhaupt sprechen kann.
Im klassischen Drama haben wir es mit dem aristotelischen Schema des Schürzens und Lösens eines Handlungsknotens zu tun, wobei der Zuschauer mit einer ungewissen Erwartung beginnt, die nach und nach ein immer bestimmteres Ziel erhält: in der Tragödie die Katastrophe, in der Komödie das Dénouement. Beides setzt ein gültiges Wertesystem voraus. Nur wenn ich weiß, was gut ist, kann ich darauf hoffen; nur wenn ich weiß, was schlecht ist, kann ich es fürchten. In *Godot* ist nichts mehr von einem solchen Wertesystem zu erkennen. Wladimir und Estragon fürchten weder den Tod, noch hoffen sie auf ihre Errettung, obwohl sie diese hypothetisch für möglich halten.

> Estragon: Und wenn er kommt?
> Wladimir: Sind wir gerettet.

Das ganze Stück durchziehen Anspielungen auf die christliche Erlösungsvorstellung. Gleich am Anfang unterhalten sich die beiden über die Schächer, die neben Christus gekreuzigt wurden und von denen einer erlöst, der andere verdammt worden sei. Am Schluß des ersten Aktes sagt Estragon, daß er sich sein ganzes Leben lang mit Jesus verglichen habe. Dies scheint dem Stück einen Hoffnungsschimmer zu geben. Doch dieser wird dadurch zunichte gemacht, daß der Junge, der die Botschaft von Godot überbringt, Wladimir beide Male mit »Herr Albert« anredet. Sie sind möglicherweise gar nicht die, für die die Botschaft bestimmt ist. Als Pozzo um Hilfe ruft, sagt Wladimir:

> Der Ruf, den wir soeben vernahmen, richtet sich vielmehr an die ganze Menschheit. Aber in dieser Gegend und in diesem Augenblick sind wir die Menschheit, ob es uns paßt oder nicht.
>
> (2. Akt)

Etwas später halten sie Pozzo zum Narren und rufen nach ihm mit dem Namen Abel und nach Lucky mit dem Namen Kain, worauf Pozzo beide Male »Hierher!« ruft. Darauf Estragon:

> Das ist die ganze Menschheit.

In Kafkas berühmter Parabel *Vor dem Gesetz* kommt ein Mann vom Lande zum Gesetz und begehrt Einlaß, was ihm verwehrt wird. Daraufhin wartet er bis zu seinem Tode vor dem Eingang. Als er im Sterben liegt, schließt der Türhüter das Tor und erklärt dem Sterbenden, daß dieses Tor nur für ihn allein da war. In Becketts Stück aber warten die beiden auf einen Herrn Godot, der, wenn er überhaupt existiert, für die ganze Menschheit da ist und sich vielleicht gerade für einen Herrn Albert interessiert, während Wladimir und Estragon auf ihn warten. Der Gestus des Wartens ist die letzte Gemeinsamkeit, die das Stück mit dem klassischen Drama hat. Doch das Warten ist ohne Furcht und ohne Hoffnung. Komik und Tragik fallen hier zusammen, und ihre Interferenz wird zur Indifferenz, zum Gestus einer bloßen Offenheit für etwas, das kommen oder nicht kommen mag. Während es bei Kafka noch im existentialistischen Sinne um die Existenz des je einzelnen ging, geht es bei

Beckett um das nackte Sein von Menschen als bloßen Vertretern der Menschheit. Die Hoffnungslosigkeit des Wartens rückt das Stück in die Nähe des Tragischen, während die Reduktion auf das Kreatürliche dem Komischen nähersteht. Die wohl gedankenschwersten Äußerungen fallen kurz vor dem Schluß. Ausgerechnet der von außen eindringende Pozzo sagt aus einer plötzlichen Eingebung heraus »bedächtig«:

> Sie gebären rittlings über dem Grabe, der Tag erglänzt einen Augenblick und dann von neuem die Nacht.

Wladimir nimmt diesen Satz wenig später auf und sagt:

> Rittlings über dem Grabe und eine schwere Geburt. Aus der Tiefe der Grube legt der Totengräber träumerisch die Zangen an. Man hat Zeit genug, um alt zu werden. Die Luft ist voll von unseren Schreien. *(Er lauscht.)* Aber die Gewohnheit ist eine mächtige Sordine.

Das letzte Wort, das in Becketts französischer Originalversion *sourdine* heißt und von ihm selbst in der englischen Fassung mit *deadener* übersetzt wird, dürfte in allen drei Sprachen dem Zuschauer Schwierigkeiten machen. Es ist ein technischer Begriff, der den Dämpfer bei Musikinstrumenten bezeichnet. Da Beckett aber im Englischen weder das gebräuchliche *damper* für den Dämpfer beim Klavier noch das Wort *mute* für den Dämpfer bei Saiteninstrumenten wählt, sondern das ganz ungebräuchliche *deadener*, wollte er der Aussage offenbar ein besonderes Gewicht geben. Die Gewohnheit bezeichnet er als das, was die Verzweiflung der Menschen so dämpft, daß sie das Leben ertragen können. Und weil dies seit Beginn der Menschheit immer so war, ist es das Ungewöhnlichste, sich dessen bewußt zu werden. Deshalb markiert er sie mit dem ungewöhnlichen Wort Sordine, das wie ein Signal auf die herausgehobene Bedeutung der Aussage hinweist. Damit wird das Zentrum des Stückes noch einmal in die Mitte zwischen Tragik und Komik gerückt. Wenn Leben ein Leiden ist, das ohne

Dämpfung nicht zu ertragen wäre, dann ist sein Wesen von jener agonalen Tragik, wie wir sie z. B. im *Philoktet* des Sophokles vorfinden. Gewohnheit aber ist eine Hauptquelle alltäglicher Komik, was jeder an den Schrullen seiner Mitmenschen ablesen kann, während er die eigenen überhaupt nicht wahrnimmt. Von Becketts eigener Regietätigkeit ist bekannt, daß er bei der Inszenierung des *Godot* größten Nachdruck darauf legte, daß die latente Komik des Stückes voll zur Geltung kam. Offenbar ging es ihm darum, Komik und Tragik so genau auszutarieren, daß die Wertaussage des Stückes gleichsam auf dem Nullpunkt bleibt. Dies mag auch der Grund dafür gewesen sein, daß Beckett, als er die französischsprachige Erstfassung des Stückes ins Englische übertrug, dem Titel *Waiting for Godot* die Bezeichnung *a tragicomedy in two acts* hinzufügte. Indem er die Grundsituation der menschlichen Existenz zeigt, wie sie ist, und dennoch jede deutende Festlegung verweigert, bleibt er gefeit gegen die Gefahr einer ideologischen Wertbehauptung. Diese unangreifbare Wahrheit scheint das Geheimnis der fortwirkenden Faszination zu sein, die das Stück bisher auf das Publikum hatte und wahrscheinlich noch lange haben wird.

Quellenverzeichnis

Zur Datierung der Dramen: Die Jahreszahlen in Klammern geben jeweils das früheste Veröffentlichungsdatum (das Uraufführungs- oder Erscheinungsjahr) an, bei Brechts *Galilei* die Uraufführungsdaten der drei Fassungen.
Die Dramentexte wurden so zitiert, daß sie in allen Werkausgaben auffindbar sind. Im einzelnen wurden folgende Ausgaben benutzt:

Antigone und *König Ödipus*

Sophokles: Werke in einem Band. Aus dem Griechischen übertr., eingel. u. erl. von Rudolf Schottlaender. Berlin: Aufbau-Verlag 1966.

Zu *Antigone*

Georg Wilhelm Friedrich Hegel: Ästhetik. Bd. 2. Berlin: Aufbau-Verlag 1965. S. 560–570.

Zu *König Ödipus*

Friedrich Wilhelm Joseph v. Schelling: Philosophie der Kunst. In: Sämtliche Werke. I. Abth., Bd. 5. Stuttgart: Cotta 1859. (Orthographie modernisiert.)

Hamlet

William Shakespeare: Hamlet. Englisch/Deutsch. Hrsg., übers. u. komm. von Holger M. Klein. 2 Bde. Stuttgart: Reclam 1984. (Reclams UB Nr. 8243, 8244.)

Minna von Barnhelm

Gotthold Ephraim Lessing: Dramen. Mit einem Nachw. hrsg. von Kurt Wölfel. Frankfurt a. M.: Insel Verlag 1984.

Torquato Tasso

Goethes Werke. Hamburger Ausgabe. Hrsg. von Erich Trunz. Bd. 5. Hamburg: Wegner [7]1966.

Die Jungfrau von Orleans

Friedrich Schiller: Sämtliche Werke. Auf Grund der Originaldrucke hrsg. von Gerhard Fricke u. Herbert G. Göpfert. Bd. 2. München: Hanser [7]1985.

Penthesilea

Heinrich von Kleist: Sämtliche Werke und Briefe. Hrsg. von Helmut Sembdner. Bd. 1. München: Hanser 1965.

Dantons Tod

Georg Büchner: Werke und Briefe. Münchner Ausgabe. Hrsg. von Karl Pörnbacher [u. a.]. München: Hanser 1988.

Judith

Friedrich Hebbel: Sämtliche Werke. Historisch-kritische Ausgabe besorgt von Richard Maria Werner. Bd. 1. Berlin: Behr 1904–07. (Orthographie modernisiert.)

Die Wildente

Henrik Ibsen: Sämtliche Werke. Hrsg. von Julius Elias u. Paul Schlenther. Bd. 4. Berlin: S. Fischer 1907.

Die Ratten

Gerhart Hauptmann: Sämtliche Werke. Hrsg. von Hans-Egon Hass. Bd. 2: Dramen. Darmstadt: Wissenschaftliche Buchgesellschaft 1965.

Der Schwierige

Hugo von Hofmannsthal: Dramen IV. Lustspiele. Hrsg. von Bernd Schoeller. Frankfurt a. M.: S. Fischer 1986. (Gesammelte Werke in zehn Einzelbänden.)

Carl Jacob Burckhardt: Portraits und Begegnungen. In: C. J. B., Gesammelte Werke. Bd. 4. Bern: Scherz 1971.

Leben des Galilei

Bertolt Brecht: Stücke 5. Bearbeitet von Bärbel Schrader und Günther Klotz. Berlin und Weimar: Aufbau-Verlag und Frankfurt a.M.: Suhrkamp 1988. (Große kommentierte Berliner und Frankfurter Ausgabe.)

Endstation Sehnsucht

Tennessee Williams: A Streetcar Named Desire. New York: New Directions 1947.
Deutsche Übersetzung von Berthold Viertel. In: T. W., Endstation Sehnsucht. Die Glasmenagerie. Frankfurt a. M.: S. Fischer 1963.

Warten auf Godot

Samuel Beckett: En attendant Godot. Paris: Les Éditions de Minuit 1952.
Ders.: Dramatische Dichtungen in drei Sprachen I. Deutsche Übertragung von Elmar Tophoven. Frankfurt a. M.: Suhrkamp 1963. (*Godot* zuerst auf deutsch 1953.)

Von den interpretierten Dramen liegen unter folgenden Nummern Einzelausgaben in *Reclams Universal-Bibliothek* vor:

Antigone (659, 7682), *König Ödipus* (630), *Hamlet* (31, 8243/8244), *Minna von Barnhelm* (10), *Torquato Tasso* (88), *Die Jungfrau von Orleans* (47), *Penthesilea* (1305), *Dantons Tod* (6060), *Judith* (3161), *Die Wildente* (2317).

Die im *Allgemeinen Teil* vorgestellte Theorie der Tragödie hat der Verfasser inzwischen in ausführlicher Form als Buch veröffentlicht unter dem Titel: Die Tragödie. Theorie und Geschichte. Göttingen: Vandenhoeck & Ruprecht 1995.

Literaturempfehlungen

Poetik und Theorie des Dramas

Zum Drama allgemein

Gustav Freytag: Die Technik des Dramas. 5., verb. Aufl. Leipzig: Hirzel 1886. Nachdruck: Stuttgart: Reclam 1983. (Reclams UB Nr. 7922.)
(Literaturwissenschaftlich längst überholt, aber noch immer eine anschauliche Einführung in die Technik des traditionellen Dramas.)

Robert Petsch: Wesen und Formen des Dramas. Allgemeine Dramaturgie. Halle: Niemeyer 1945.
(Gibt den Stand der Literaturwissenschaft vor dem Zweiten Weltkrieg wieder; sehr systematisch.)

Emil Staiger: Grundbegriffe der Poetik. Zürich: Atlantis 1946.
(Zum Nachdenken anregend; wenig Sachinformation.)

Volker Klotz: Geschlossene und offene Form im Drama. München: Hanser 1960. [7]1975.
(Vielzitierte Arbeit, die eine moderne, den tatsächlichen Erscheinungsformen des Dramas angemessene Typologie entwirft.)

Bernhard Asmuth: Einführung in die Dramenanalyse. Stuttgart: Metzler 1980. [3]1990. (Sammlung Metzler 188.)
(Stark literarhistorisch ausgerichtet.)

Manfred Pfister: Das Drama. München: Fink 1982. (UTB 580.)
(Der z. Z. wohl modernste Versuch, das Drama mit einem texttheoretischen Beschreibungssystem zu fassen.)

Zur Komödie

Bernd Schoeller: Gelächter und Spannung. Studien zur Struktur des heiteren Dramas. Zürich: Atlantis 1971.

Wesen und Formen des Komischen im Drama. Hrsg. von Reinhold Grimm. Darmstadt: Wissenschaftliche Buchgesellschaft 1975.

Wolfgang Preisendanz / Rainer Warning: Das Komische. München: Fink 1976. (Poetik und Hermeneutik 7.)

Volker Klotz: Bürgerliches Lachtheater. München: Hanser 1984. Erstveröffentlichung 1980.

Zur Tragödie

Peter Szondi: Versuch über das Tragische. Frankfurt a. M.: Insel Verlag 1961.
(Scharfsinnige Analyse von zwölf Tragödientheorien und acht Tragödien.)

Tragik und Tragödie. Hrsg. von Volkmar Sander. Darmstadt: Wissenschaftliche Buchgesellschaft 1971.
(Enthält zahlreiche Beiträge internationaler Fachgelehrter aus der Zeit von 1947 bis 1970.)

Holger Sandig: Unbehagen an der Tragödie. In: Klassiker heute. Hrsg. von Holger Sandig. München: Goldmann 1972. S. 9–56.

Hans-Dieter Gelfert: Die Tragödie. Theorie und Geschichte. Göttingen: Vandenhoeck & Ruprecht 1995.

Zu Aristoteles

Aristoteles: Poetik. Griechisch/Deutsch. Hrsg. von Manfred Fuhrmann. Stuttgart: Reclam 1982. (Reclams UB Nr. 7828.)
(Enthält ca. 40 Seiten Anmerkungen und ein ausführliches Nachwort.)
Ergänzend dazu:

Wolfgang Schadewaldt: Furcht und Mitleid? (1955). In: W. S., Antike und Gegenwart. Über die Tragödie. München: Deutscher Taschenbuch Verlag 1966.

Zur Theorie des modernen Dramas

Peter Szondi: Theorie des modernen Dramas. Frankfurt a. M.: Suhrkamp 1956.

Zum epischen Theater

Marianne Kesting: Das epische Theater. Zur Struktur des modernen Dramas. Stuttgart: Kohlhammer 1959. ^{8}1989.

Episches Theater. Hrsg. von Reinhold Grimm. Köln: Kiepenheuer & Witsch 1966.

Juliane Eckhardt: Das epische Theater. Darmstadt: Wissenschaftliche Buchgesellschaft 1983. (Erträge der Forschung 204.)

Zum absurden Theater

Martin Esslin: Das Theater des Absurden. Reinbek bei Hamburg: 1965. (rowohlts deutsche enzyklopädie 234/5/6.) Englische Originalausgabe 1961.

Zur dramatischen Weltliteratur

Nützliche Buchreihe

Dramatiker des Welttheaters. München: Deutscher Taschenbuch Verlag. (Begonnen als: Friedrichs Dramatiker des Welttheaters.) (Einzelbände zu fast allen bedeutenden Dramatikern mit Biographie, Kurzinterpretationen und Bühnengeschichte.)

Einzelne Epochen

Griechische Tragödie

Albin Lesky: Die griechische Tragödie. 4., erw. Aufl. Stuttgart: Kröner 1968.
Bernhard Zimmermann: Die griechische Tragödie. Zürich: Artemis Verlag 1986. (Artemis-Einführungen 29.)
Christian Meier: Die politische Kunst der griechischen Tragödie. München: C. H. Beck 1988.

Zum deutschen Drama

Klaus Ziegler: Die deutsche Dramatik der Neuzeit. In: Deutsche Philologie im Aufriß: Hrsg. von Wolfgang Stammler. Bd. 2. Berlin: E. Schmidt ²1960. Sp. 1997–2350.
Elise Dosenheimer: Das deutsche soziale Drama von Lessing bis Sternheim. Darmstadt: Wissenschaftliche Buchgesellschaft ²1967. Erstveröffentlichung 1949.

Zum englischen Drama

Das englische Drama. Hrsg. von Josefa Nünning. Darmstadt: Wissenschaftliche Buchgesellschaft 1973.

Zum modernen Drama

Margret Dietrich: Das moderne Drama. Strömungen – Gestalten – Motive. 3., überarb. u. erw. Aufl. Stuttgart: Kröner 1974.

Franz Norbert Mennemeier: Das moderne Drama des Auslands. 3., neu bearb. u. erw. Aufl. Düsseldorf: Bagel 1976.

Günther Klotz: Britische Dramatiker der Gegenwart. Berlin [Ost]: Henschelverlag 1982.

Zu einzelnen Dramen

Nützliche Buchreihen

Editionen für den Literaturunterricht. Hrsg. von Dietrich Steinbach. Stuttgart: Klett.

Grundlagen und Gedanken zum Verständnis des Dramas. Hrsg. von Hans-Gert Roloff. Frankfurt a. M.: Diesterweg.

Königs Erläuterungen und Materialien. Hollfeld: Bange.
(Alle drei Reihen bieten nützliche Texterläuterungen und Materialien zu vielen Dramen für den Schulgebrauch.)

Erläuterungen und Dokumente. Stuttgart: Reclam.
(Erläuterungsbände zu vielen Dramen mit Texterläuterungen, Entstehungsgeschichte, Materialien zur Wirkungsgeschichte und Texten zur Diskussion. Genügen auch literaturwissenschaftlichen Ansprüchen.)

Sammlungen und Interpretationen

Das deutsche Drama. 2 Bde. Hrsg. von Benno von Wiese. Düsseldorf: Bagel 1958.
(Enthält ausführliche Interpretationen von 44 Dramen durch namhafte Fachgelehrte.)

Deutsche Dramen von Gryphius bis Brecht. Hrsg. von Jost Schillemeit. Frankfurt a. M.: S. Fischer 1965. (Interpretationen 2.)

Das deutsche Lustspiel. 2 Bde. Hrsg. von Hans Steffen. Göttingen: Vandenhoeck & Ruprecht 1968. (Kleine Vandenhoeck-Reihe 271 S, 277 S.)
(Enthält 20 Beiträge namhafter Fachgelehrter zur deutschen Komödie von Lessing bis Dürrenmatt.)

Interpretationen:
Lessings Dramen. Stuttgart: Reclam 1987. (Reclams UB Nr. 8411.)

Dramen des Sturm und Drang. Stuttgart 1987. (Reclams UB Nr. 8410.)
Dramen des Naturalismus. Stuttgart: Reclam 1988. (Reclams UB Nr. 8412.)
Goethes Dramen. Hrsg. von Walter Hinderer. Stuttgart: Reclam 1992. (Reclams UB Nr. 8417.)
Schillers Dramen. Hrsg. von Walter Hinderer. Stuttgart: Reclam 1992. (Reclams UB Nr. 8807.)
Dramen des 19. Jahrhunderts. Stuttgart: Reclam 1997. (Reclams UB Nr. 9631.)
Dramen des 20. Jahrhunderts. Bd. 1 u. 2. Stuttgart: Reclam 1996. (Reclams UB Nr. 9460. 9461.)

Zu den behandelten Werken

Antigone

(Siehe Lesky, Zimmermann, Meier, oben unter: Griechische Tragödie.)
Sophokles: Antigone. Erl. u. mit einer Einleitung vers. von Gerhard Müller. Heidelberg: Winter 1967.
Sophokles: Antigone. Griechisch/Deutsch. Übers. u. hrsg. von Norbert Zink. Stuttgart: Reclam 1981. (Reclams UB Nr. 7682.) (Mit Anmerkungen und Nachwort.)
Sophokles: Antigone. Erläuterungen und Dokumente. Von Marion Giebel. Stuttgart: Reclam 1992. (Reclams UB Nr. 8195.)

Ödipus

(Siehe Lesky, Zimermann, oben unter: Griechische Tragödie.)
Gerhard Nebel: Sophokles: König Ödipus. Dichtung und Wirklichkeit. Frankfurt a. M.: Ullstein 1964.

Hamlet

William Shakespeare: Hamlet: Englisch und deutsch. Mit Einleitung und Anmerkungen hrsg. von Levin L. Schücking. Leipzig: Dieterich 1941.
– Hamlet. Prinz von Dänemark. Aus dem Englischen von August Wilhelm Schlegel. Durchgesehen von Levin L. Schücking. Hrsg. u. mit einem Essay vers. von Norbert Kohl. Frankfurt a. M.: Insel Verlag 1980.

(Der Band enthält zahlreiche Textdokumente zur Rezeptionsgeschichte aus zwei Jahrhunderten und eine ausführliche Bibliographie.)
– Hamlet. Englisch/Deutsch. 2 Bde. Text und Kommentar. Hrsg., übers. u. komm. von Holger M. Klein. Stuttgart: Reclam 1984. (Reclams UB Nr. 8243, 8244.)
(Detailliertester deutscher Kommentar.)
– Hamlet. Erläuterungen und Dokumente. Hrsg. von Hans H. Rudnick. Stuttgart: Reclam 1972. (Reclams UB Nr. 8116.)
Hamlet heute. Essays und Analysen. Vorw. von Joachim Kaiser. Frankfurt a. M.: Insel Verlag 1965.
(Mit Beiträgen von B. Brecht, S. Freud, T. S. Eliot, G. Landauer, E. Jones, H. Reichenbach, H. D. F. Kitto, E. Heller, J. Kott und M. Walser.)
Willi Erzgräber: »Hamlet«-Interpretationen. Darmstadt: Wissenschaftliche Buchgesellschaft 1977. (Wege der Forschung 214.)
(Enthält 21 Beiträge internationaler Fachgelehrter.)

Minna von Barnhelm

Emil Staiger: Lessing: Minna von Barnhelm. In: E. S., Die Kunst der Interpretation. Studien zur deutschen Literaturgeschichte. Zürich: Atlantis Verlag 1955. S. 75–96.
Gerhard Fricke: Lessings »Minna von Barnhelm«. In: G. F., Studien und Interpretationen. Frankfurt a. M.: Menck 1956. S. 25–46.
Otto Mann: Minna von Barnhelm. In: Das deutsche Drama. Hrsg. von Benno von Wiese. Bd. 1. Düsseldorf: Bagel 1958. S. 79–100.
Helmut Arntzen: Die Komödie des Individuums. Lessings »Minna von Barnhelm«. In: H. A., Die ernste Komödie. Das deutsche Lustspiel von Lessing bis Kleist. München: Nymphenburger Verlagsbuchhandlung 1968. S. 25–45.
Hans-Egon Hass: Lessings »Minna von Barnhelm«. In: Das deutsche Lustspiel. Hrsg. von Hans Steffen. Bd. 1. Göttingen: Vandenhoeck & Ruprecht 1968. S. 27–47.
Dieter Hildebrandt: Lessing: Minna von Barnhelm. Dichtung und Wirklichkeit. Frankfurt a. M.: Ullstein 1969.
Gotthold Ephraim Lessing: Minna von Barnhelm. Erläuterungen und Dokumente. Hrsg. von Jürgen Hein. Stuttgart: Reclam 1970. (Reclams UB Nr. 8108.)
Helmut Göbel: Minna von Barnhelm oder Das Soldatenglück. Theater nach dem Siebenjährigen Krieg. In: Interpretationen: Lessings

Dramen. Stuttgart: Reclam 1987. (Reclams UB Nr. 8411.) S. 45 bis 86.

Torquato Tasso

Benno von Wiese: Torquato Tasso. In: Interpretationen. Bd. 2: Deutsche Dramen von Gryphius bis Brecht. Hrsg. von Jost Schillemeit. Frankfurt a. M.: S. Fischer 1965. S. 61–75. Erstveröffentlichung 1949.

Elizabeth M. Wilkinson: Goethe: Tasso. In: Das deutsche Drama. Hrsg. von Benno von Wiese. Bd. 1. Düsseldorf: Bagel 1958. S. 193–214.

Johann Wolfgang Goethe: Torquato Tasso. Erläuterungen und Dokumente. Hrsg. von Christian Grawe. Stuttgart: Reclam 1981. (Reclams UB Nr. 8154.)

Walter Hinderer: Torquato Tasso. In: Interpretationen: Goethes Dramen. Hrsg. von Walter Hinderer. Stuttgart: Reclam 1992. (Reclams UB Nr. 8417.) S. 199–257.

Die Jungfrau von Orleans

Gerhard Storz: Schiller: Jungfrau von Orleans. In: Das deutsche Drama. Hrsg. von Benno von Wiese. Bd. 1. Düsseldorf: Bagel 1958. S. 322–338.

Werner Koch: Die Jungfrau von Orleans. Dichtung und Wirklichkeit. Frankfurt a. M.: Ullstein 1963.

Friedrich Schiller: Die Jungfrau von Orleans. Erläuterungen und Dokumente. Hrsg. von Wolfgang Freese u. Ulrich Karthaus unter Mitarb. von Renate Fischetti. Stuttgart: Reclam 1984. (Reclams UB Nr. 8164.)

Gerhard Sauder: Die Jungfrau von Orleans. In: Schillers Dramen. Hrsg. von Walter Hinderer. Stuttgart: Reclam 1992. (Reclams UB Nr. 8807.) S. 336–384.

Penthesilea

Gerhard Fricke: Kleist: Penthesilea. In: Das deutsche Drama. Hrsg. von Benno von Wiese. Bd. 1. Düsseldorf: Bagel 1958. S. 363–384.

Walter Müller-Seidel: Penthesilea. In: Kleists Dramen. Hrsg. von Walter Hinderer. Stuttgart: Reclam 1981. S. 144–171.

Heinrich von Kleist: Penthesilea. Erläuterungen und Dokumente. Von Hedwig Appelt u. Maximilian Nutz. Stuttgart: Reclam 1992. (Reclams UB Nr. 8191.)

Dantons Tod

Walter Höllerer: Büchner: Dantons Tod. In: Das deutsche Drama. Hrsg. von Benno von Wiese. Bd. 2. Düsseldorf: Bagel 1958. S. 65 bis 88.

Georg Büchner: Dantons Tod. Erläuterungen und Dokumente. Hrsg. von Josef Jansen. Stuttgart: Reclam 1969. (Reclams UB Nr. 8104.)

Michael Voges: Dantons Tod. In: Interpretationen: Georg Büchner. Stuttgart: Reclam 1990. (Reclams UB Nr. 8415.) S. 7–61.

Judith

Gerhard Fricke: Gedanken zu Hebbels »Judith«. In: G. F., Studien und Interpretationen. Frankfurt a. M.: Menck 1956. S. 310–326.

Klaus Ziegler: Hebbel: Judith. In: Das deutsche Drama. Hrsg. von Benno von Wiese. Bd. 2. Düsseldorf: Bagel 1958. S. 101–122.

Wolfgang Liepe: Zum Problem der Schuld bei Hebbel. In: Hebbel in neuer Sicht. Hrsg. von Helmut Kreuzer. Stuttgart: Kohlhammer 1963. S. 42–58.

Wolfgang Wittkowski: Hebbels »Judith«, ebd., S. 164–184.

Die Wildente

Fritz Paul: Symbol und Mythos. Studien zum Spätwerk Henrik Ibsens. München: Fink 1969.

Otto Reinert: Die Metaphorik des Sehens in der »Wildente«. In: Henrik Ibsen. Hrsg. von Fritz Paul. Darmstadt: Wissenschaftliche Buchgesellschaft 1977. S. 230–238.

Gert Enno Rieger: Henrik Ibsen. Reinbek bei Hamburg: Rowohlt 1981. (rowohlts monographien 295.) S. 94–103.

Käte Hamburger: Ibsens Drama in seiner Zeit. Stuttgart: Klett-Cotta 1989.

Die Ratten

Wilhelm Emrich: Der Tragödientypus Gerhart Hauptmanns. In: W. E., Protest und Verheißung. Frankfurt a. M.: Athenäum Verlag 1960. S. 193–205. Erstveröffentlichung 1953.

Benno von Wiese: Die Ratten. In: Gerhart Hauptmann. Hrsg. von Hans Joachim Schrimpf. Darmstadt: Wissenschaftliche Buchgesellschaft 1976. S. 301–318. Erstveröffentlichung 1960.

Peter Sprengel: Gerhart Hauptmann: Die Ratten. Vom Gegensatz der Welten in einer Mietskaserne. In: Interpretationen: Dramen des Naturalismus. Stuttgart: Reclam 1988. (Reclams UB Nr. 8412.) S. 243–282.
Gerhart Hauptmann: Die Ratten. Erläuterungen und Dokumente. Hrsg. von Werner Bellmann. Stuttgart: Reclam 1990. (Reclams UB Nr. 8187.)

Der Schwierige

Franz Norbert Mennemeier: Hofmannsthal: Der Schwierige. In: Das deutsche Drama. Hrsg. von Benno von Wiese. Bd. 2. Düsseldorf: Bagel 1958. S. 246–266.
Wilhelm Emrich: Hofmannsthals Lustspiel »Der Schwierige«. In: W. E., Protest und Verheißung. Frankfurt a. M.: Athenäum Verlag 1960. S. 223–232.
Hans Steffen: Hofmannsthals Gesellschaftskomödie »Der Schwierige«. In: Das deutsche Lustspiel. Hrsg. von Hans Steffen. Bd. 2. Göttingen: Vandenhoeck & Ruprecht 1968. S. 125–158.

Leben des Galilei

Günther Rohrmoser: Brecht: Das Leben des Galilei. In: Das deutsche Drama. Hrsg. von Benno von Wiese. Bd. 2. Düsseldorf: Bagel 1958. S. 405–419.
Gerhard Szczesny: Brecht: Leben des Galilei. Dichtung und Wirklichkeit. Frankfurt a. M.: Ullstein 1966.
Gert Sautermeister: Zweifelskunst, abgebrochene Dialektik. blinde Stellen: Leben des Galilei. In: Interpretationen: Brechts Dramen. Hrsg. von Walter Hinderer. Stuttgart: Reclam 1995. (Reclams UB Nr. 8813.)
Jan Knopf: Bertolt Brecht: Leben des Galilei. In: Interpretationen: Dramen des 20. Jahrhunderts. Bd. 2. Stuttgart: Reclam 1996. (Reclams UB Nr. 9461.) S. 7–26.

Endstation Sehnsucht

Horst Oppel: Tennessee Williams: A Streetcar Named Desire. In: Das amerikanische Drama. Hrsg. von Paul Goetsch. Düsseldorf: Bagel 1974. S. 183–207.
Christian Jauslin: Tennessee Williams. München: Deutscher Taschenbuch Verlag 1978. (Dramatiker des Welttheaters.)

Warten auf Godot

Ursula Dreysse: Materialien zu Samuel Becketts »Warten auf Godot«. Frankfurt a. M.: Suhrkamp 1973. (st 104.)

Georg Hensel: Samuel Beckett. Erg. u. überarb. Aufl. München: Deutscher Taschenbuch Verlag 197. (Dramatiker des Welttheaters.)

Hartmut Engelhardt / Dieter Mettler: Materialien zu Samuel Becketts »Warten auf Godot«. 2. Bd. Frankfurt a. M.: Suhrkamp 1979. (st 475.)